ぼくらがクラウドファンディングを使う理由《わけ》

12プロジェクトの舞台裏

佐藤大吾 監修
山本純子・佐々木周作 編著

学芸出版社

●はじめに

機が熟したら。タイミングさえ合えば。近い将来に。いつか実現したいという夢をだれもが胸に抱いているだろう。それは起業して、自分の創り出したサービスを社会に根づかせたいということかもしれないし、アフリカの子どもに安価な医療サービスを届けて、彼らの命を救いたいということかもしれない。

しかし、多くの人にとって、機は熟さないし、タイミングも合わなければ、近い将来は遠い将来に早変わりする。なぜだろうか？　理由の一つとして口々に言われるのは、そんなお金はないから、である。確かに、金融機関からスタートアップの資金を獲得することは狭き門だし、審査の俎上に乗ることとさえ難しい場合もある。そんなにやりたいなら親・親族、友人・知人に頭を下げて頼れという声もあろうが、身の回りにパトロンになってくれるほどのお金持ちがいるかどうかは運次第、というところもある。

自分の夢を応援してくれそうな人を探し出し、その人に投資してくれないかとお願いしてみる、そんな風に夢のスタートラインに立つことすら、簡単でなかったのだ。……これまでは。

時は流れて、事情は変わりつつある。クラウドファンディングという名の資金調達方法が世の中に根づき始めたからだ。クラウドファンディングとは、「群衆＝大勢の人々」という意味のクラウド（Crowd）と、「基金」という意味のファンド(Fund)を合わせて造られた言葉だ。つまり、金融機関や親・兄弟など特定の機関や個人に対してではなく、不特定多数の人々にあなたのやりたいことを宣言して、賛同・共感してくれた複数の人から小口の資金を集めて、目標金額まで調達する方法だ。Facebook や Twitter、Instagram などのＳＮＳが世の中に浸透したことで、やりたいことの宣言文を不特定多数の人の目に触れさせることはずっと簡単になった。それに伴い、クラウドファンディングも身近な資金調達方法として育ってきたのだ。

２０１６年現在、やりたいことの宣言は、クラウドファンディング・サイトという専用サイトを利用することでだれでもできるようになっている。夢のスタートラインに立つために越えなければならないハードルは、登録にかかるちょっとした時間だけだ。

日本の新聞記事にクラウドファンディングという言葉が登場し始めたのは２０１１年頃で、もう5年も前のことだ。この本を手に取ってくださった皆さんも、クラウドファンディングという言葉を、テレビや新聞記事、雑誌の特集などで何度も見かけたことがあるだろう。クラウドファンディング・サイトを訪れたことがあるという人も多いにちがいない。

しかし、クラウドファンディングでの資金調達に踏み切れないという人や団体はいまだに少なくない。やりたいことのスタートラインに立つことはずいぶんと簡単になったかのように見えるのに、心理的なハードルは根強く残っている。それは、なぜだろうか？

クラウドファンディング・サイトで調達を宣言したところで、あとは自動的に資金が集まるなんてことはありえないと、簡単に思い至るからかもしれない。やりたいことの宣言文がＳＮＳで拡散されるとは言っても、芸能人やプロスポーツ選手でない人のつぶやきが、即座に何百、何千リツイートもされるなんてことは期待できない。金融機関やパトロンにお願いしていたときと同じように、あなたの紡ぐメッセージを、多くの人の共感が得られるくらい説得的で、魅力的なものに仕立てる必要がある。それは時として、一つの機関や個人から資金を調達することよりもずっと大変な作業かもしれないのだ。しかし、予想される苦労に反して、この5年の間にクラウドファンディングで資金調達に挑戦する人の数は増え、クラウドファンディングの専用サイトも把握できないくらい登場し、調達金額の最高記録は何度も塗り替えられた。今では、途上国支援や医療・社会福祉、地域振興から芸術・スポーツ、ものづくり、起業、政治、学術研究に至るさまざまな分野で活用されている。それはきっと、クラウドファンディングのように、不特定多数の人の応援の声を受けて資金調達するからこそ獲得できるメリットがあるからだ。

本書の目的は、さまざまな分野でクラウドファンディングに挑戦し、成功させた12のプロジェクト・18名の企画者へのインタビューを通して、そのメリットの全貌を明らかにすることだ。「クラウドファンディングは単なるお金集めではない」とは、今回のインタビューのなかで、頻繁に登場した言葉だ。彼らは、「数ある資金調達方法のなかから、なぜ、クラウドファンディングを選んだのか？」から「苦労した点」「戸惑った点」、そして、「工夫した点」「目標達成の秘訣」「実際にやってみて感じるメリット・デメリット」まで余すところなく語ってくれている。自ら挑戦して成功した人だからこそ掴める感覚を、本書を読むことで、読者の皆さんにも追体験してもらえるだろう。そして、「もしもクラウドファンディングに挑戦したらどのような未来が待っているか」を正確にイメージできれば、やりたいことを実現するために、あなたもクラウドファンディングを使うべきかどうかをまっとうに判断できるはずだ。

〈クラウドファンディングの基礎知識〉

本章に入る前に、基礎知識として、日本国内の代表的なクラウドファンディング・サイトとその分類を紹介しておく。まず、国内のクラウドファンディング・サイトには、JapanGiving・READYFOR・CAMPFIRE・MotionGallery・Makuake・ShootingStar・GREEN FUNDING by T-SITE・FAAVOなどがある。これらのサイトの内、JapanGivingは「寄付型クラウドファンディング・サイト」に属し、それ以外のサイトは「購入型クラウドファンディング・サイト」に属すると言われる。

二つの違いは何だろうか？　寄付型の特徴は、「やりたいこと」への支援が、税制上の寄付になることだ。支援者は年度末に確定申告することで、所得控除や税額控除など寄付税制上の優遇を受けることができる。

購入型の特徴は、「やりたいこと」への支援が、〝リターン〟と呼ばれる支援へのお返しと支援金額を交換する商取引に該当することだ。リターンは、たとえば、制作された映画の先行チケットであったり、開発されたアプリやスマートウォッチなどの全く新しい製品であったりする。リターンは、支払い後数カ月程経って支援者のもとに届けられることがほとんどなので、購入型クラウドファンディング・サイトでの支援は、言わば、リターンとなる商品を予約注文していることに近い。

ほかにも、「投資型クラウドファンディング・サイト」という分類もあるが、本書では扱わない。本書で、「クラウドファンディング・サイト」と呼ぶときは寄付型か購入型のどちらかを指している。

〈本書の読み方〉

本書は、大きく3つのパートに分かれている。

1章では、佐藤大吾が、五つの質問に答える。佐藤は、日本で唯一、寄付型クラウドファンディング・サイトと購入型の両方を運営する人物だ。「両サイトの設立動機」から「どんな人が向いているか」「成功の秘訣」まで、佐藤だからこそ答えられる質問を揃えた。この章を読むことで、クラウドファンディングについてのおおよその肌感覚を掴んでもらえるはずだ。

2章では、山本純子と佐々木周作が、インタビューを通して、18名の企画者による12プロジェクトの舞台裏に迫る。「なぜ、クラウドファンディングに挑戦したのか?」から「成功の秘訣」「実際にやってみたからこそわかるメリット・デメリット」まで、成功者に憑依するような感覚で追体験してもらえるだろう。

3章では、山本と佐々木がそれぞれの立場からクラウドファンディングを分析する。日本のクラウドファンディングの創成期から多くの事例を観察してきた山本は、5年間の歩みという観点から2章の事例を総括している。行動経済学という分野で、なぜ人は寄付をするのか、を研究している佐々木は、なぜ人はクラウドファンディングで支援するのか、を行動経済学の考え方に照らし合わせながら読み解いている。

これらは、クラウドファンディングについて自分なりの考えを整理するときに参考にしてもらえるだろう。

２０１６年3月　佐藤大吾・山本純子・佐々木周作

目次

はじめに 2
プロジェクト・タイムライン 9

1章 — 先駆者に訊く。少額多数型の資金調達Q&A ‥佐藤大吾 11

Q1‥寄付型クラウドファンディング・サイト「JapanGiving」の創設のきっかけを教えてください 12
Q2‥購入型クラウドファンディング・サイト「ShootingStar」を始めたきっかけを教えてください 15
Q3‥クラウドファンディングで資金調達に挑戦する人が、まず考えるべきことは? 17
Q4‥どんな人が向いていますか? 19
Q5‥成功の秘訣は、ズバリ何ですか? 20

2章 — 実践者に学ぶ。12プロジェクトの舞台裏 23

クラウドファンディングの基礎用語メモ 24

1 地域 地元の食材「なまり節」を全国に届けたい 気仙沼の高校生による商品開発が地域を元気にする! 25
一般社団法人i.club代表理事:小川悠さん

2 研究 古生物・モササウルスの研究を続けたい 学術研究の新しい情報発信のかたち 39
東京大学大学院理学研究科博士後期課程:山下桃さん

3 ものづくり 組み立て式ロボットを商品化したい ニッチなプロダクトの支援者は世界中にいた! 53
機楽株式会社代表:石渡昌太さん
株式会社ミヨシ代表取締役:杉山耕治さん

4 スポーツ バドミントン世界ツアーに挑戦したい 日本初のプロ選手を支えた143人のサポーター 71
元プロバドミントン選手:池田信太郎さん

5 みんなで使えるオフィスと図書室をつくろう！ 支援者が仲間になるシェアの場づくり 85
建築・不動産 株式会社ツクルバ代表取締役 CCO：中村真広さん
6 市民のチャレンジを行政が応援します！ 全国の地元出身者に支援を募る、県庁クラウドファンディング 101
行政 島根県庁しまね暮らし推進課ほか：田中徹さん・田中壮一さん・吉田篤史さん
7 革新的なミュージックビデオをつくりたい まだ見ぬ表現を待ち望む、ファンから託された制作費 115
デザイン PARTYクリエイティブ・ディレクター：川村真司さん
8 全市民に市政報告書を届けたい 政治を身近に！政策に込めた想いの拡散装置 131
政治 枚方市議会議員：木村亮太さん
9 だれもが利用できる病児保育サービスをつくろう 働くおかんを支えるチャリティランナーの連携プレー！ 143
福祉 NPO法人ノーベル代表：高亜希さん
NPO法人ノーベルファンドレイザー：北村政記さん
10 会田誠の展覧会づくりに参加しませんか？ 1400人の個人協賛が支えたアーティストの反骨心 157
アート 森美術館チーフ・キュレーター：片岡真実さん
11 ケニアの診療所を存続させたい 456人の新オーナーが子どもたちの命を救った 169
途上国 NPO法人チャイルドドクター・ジャパン理事：宮田久也さん
12 未知を描き、対話を生むドキュメンタリー映画づくり 共感が共感を呼ぶ、資金調達の連鎖 183
映画 ドキュメンタリー映画監督：佐々木芽生さん

3章 — クラウドファンディングを読み解く 199

まだ5年、だが急速に浸透しつつあるクラウドファンディング：山本純子 200
行動経済学でクラウドファンディングを読み解く：佐々木周作 211
おわりに 223

プロジェクト・タイムライン

2009

2009.4
Kickstarter ロウンチ

2010

2010.3
JapanGiving ロウンチ

2010.11
Interactive music video for SOUR（p.115）
$5,227 | Kickstarter

2011

2011.3
READYFOR ロウンチ　※日本初購入型

2011.6
CAMPFIRE ロウンチ

2011.7
MotionGallery ロウンチ
GREEN FUNDING by T-SITE ロウンチ

2011.9
HERB & DOROTHY 50×50（p.183）
$87,331 | Kickstarter

2011.10
クリエイターのための
Coworking Space【co-ba】を
渋谷につくる！「co-ba」プロジェクト（p.85）
¥748,500 | CAMPFIRE

2012

2012.3
渋谷に自分たちの『図書館』をつくる、
co-ba library プロジェクト（p.85）
¥1,989,500 | CAMPFIRE

2012.4
平成勧進プロジェクト（p.157）
¥30,000,000 | 森美術館展覧会公式ウェブサイト

2012.6
FAAVO ロウンチ

2012.6
ひとり親へ病児保育を提供すべく、
平日毎日（平均5キロ走る＋ブログ更新）を
続ける（p.143）
¥1,027,500 | JapanGiving

2012.10
「ハーブ&ドロシー ふたりからの贈りもの」を、
世界に先駆けて日本で劇場公開！
実現のためのご支援をお願い致します（p.183）
¥14,633,703 | MotionGallery

2013

2013.6
ShootingStar ロウンチ

2013.6
RAPIRO: The Humanoid Robot Kit
for your Raspberry Pi（p.53）
£75,099 | Kickstarter

2013.7
気仙沼の高校生が考案！
地元食材を活かした新商品「なまり節ラー油」を
全国に届けたい（p.25）
¥1,695,000 | READYFOR

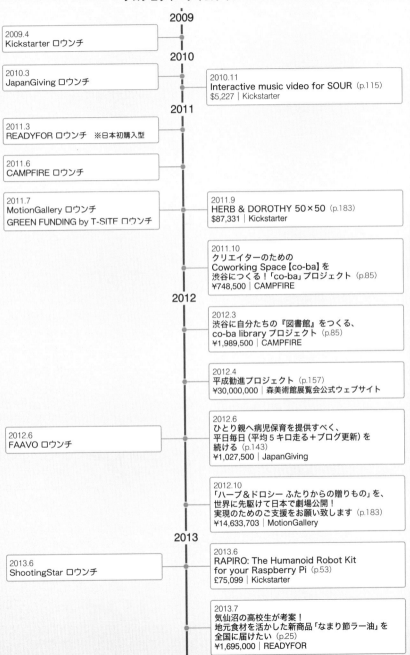

2013.8
Makuake ロウンチ
※大手企業初参入（サイバーエージェント）

2013.8
世界で話題の組み立て式ロボット
「RAPIRO（ラピロ）」の
さらなる世界展開プロジェクト！（p.53）
¥5,669,000｜Makuake

2013.9
FAAVO 島根ロウンチ

2013.9
SOUR "Life is Music"
Phenakistoscope music video（p.115）
$2,596｜Kickstarter

SOUR 新曲『Life is Music』
ミュージックビデオ制作プロジェクト（p.115）
¥900,500｜GREEN FUNDING by T-SITE

2013.9
幻の果物《ポポー》を
みんなに食べてもらいたい！（p.101）
¥300,000｜FAAVO 島根

2013.11
プロバドミントン選手「池田信太郎」が
BWF 世界ツアー 2014 シリーズへ挑戦！（p.71）
¥2,515,500｜Sportie FUND

2014

2014.3
ZIPANGO ロウンチ　※政治特化

2014.3
【地方議員初】
政治にもっと興味を持ってもらうための
情報発信（市政報告）の一部に活用します！（p.131）
¥103,500｜ZIPANGO

2014.4
academist ロウンチ　※研究特化

2014.12
太古の海洋爬虫類モササウルスの
眼の機構を調べたい！（p.39）
¥383,360｜academist

2014.12
いつでも演劇を観れる街に！
劇団ハタチ族「365 日公演」を実現したい！（p.101）
¥514,000｜FAAVO 島根

2015

2015.2
島根発ローカルジャーナリストの挑戦！
“島根の面白い人” 紹介本を作りたい！（p.101）
¥974,000｜FAAVO 島根

2015.3
A-port ロウンチ　※朝日新聞社参入

2015.3
クジラを巡る世界的論争描く、
日本人監督初の本格ドキュメンタリー映画（p.183）
¥23,250,000｜A-port

2015.6
ひとり親世帯の応援のために走ります！
大阪マラソンサブ 4 目指します！（p.143）
¥73,000｜JapanGiving

2015.9
閉鎖の危機にあるケニアの診療所を存続し
1 万人の患者を救いたい（p.169）
¥8,712,000｜READYFOR

1

先駆者に訊く。少額多数型の資金調達 Q&A

- text

佐藤大吾

一般財団法人 JapanGiving 代表理事

（さとう・だいご）1973 年生まれ。大阪大学在学中に議員事務所でのインターンシッププログラムを提供する NPO 法人ドットジェイピーを設立。2010 年 3 月よりクラウドファンディングサイト「JapanGiving」を開始。

Q1 寄付型クラウドファンディング・サイト「JapanGiving」の創設のきっかけを教えてください

「社会に貢献したいけれど、どのNPOを応援していいかわからない」という人と、活動資金を必要とするNPOとをうまく引き合わせたいと思ったのが、JapanGiving 設立のきっかけだ。

ぼくたちの社会にはたくさんの課題が溢れている。被災地の復興、障がい者の生活のしづらさ、シングルマザーの育児環境、そして捨て犬や捨て猫の殺処分……。そしてこれらの課題を解決しようと日々奮闘しているのが、NPOだ。彼らは、行政のサポートが及ばない分野で公共サービスの代わりを担ったり、一部の人にとっては重要でも社会からはなかなか注目が集まらない課題の解決に取り組んだりしている。

NPOの活動は、行政の補助金や助成金だけでなく、活動に共感してくれた人からの寄付にも支えられている。ただでさえ社会からなかなか注目の集まらないテーマだから、多くの人に共感し寄付してもらうことは簡単ではない。「どんな課題にどのように取り組んでいるのか」「どんな成果が得られているのか」などを、ひと工夫もふた工夫も重ねて、分かりやすく伝えることが大切なのだ。

では、「寄付したい」と人が思うのは、いつ、どんな場面だろうか？　一つは、NPOが取り組んでいる課題の現状や過酷さを目の当たりにしたときだろう。友人にシングルマザーがいる人、捨て犬が目の前で保健所に連れて行かれる様子を見た人は、課題の深刻さをほかの人よりも実感しているから、「何とかしなければならない」という思いも強くなる。当然、寄付する可能性も高まるだろう。

最も象徴的な例が、東日本大震災である。非常時には多くの人が寄付をする。震災直後の現地の様子は皆さんの記憶の中にも強く残っているはずだ。発生翌日の3月12日早朝、ぼくはヘリコプターで現地入りした。眼下にあったのは、東北地方の太平洋側が沈没してしまったんじゃないかと思えるほどの津波の爪痕が色濃く残る光景。ぼくはヘリコプターの中で「何とかしなければならない」と強く思った。自分の身にも起こりえた目の前の現実。ぼくらは、身近だと感じる課題に対して寄付をすることが多い。日本中が目にしたあの視覚的な衝撃は、多くの人を寄付へと向かわせた。

英国で生まれたJustGiving（ジャスト・ギビング）は、社会からなかなか注目が集まらないような課題を〝身近なもの〟に変換することに成功した画期的なプラットフォームである。同じ仕組みを根付かせるために、ぼくは英国JustGivingとライセンス契約を結び、2010年3月にJapanGiving（ジャパン・ギビング：当時の名称は、JustGiving Japan）を開設した。ぼくらの仕組みを直観的に理解してもらうために、英国で大成功した有名な寄付集めのエピソードを紹介しよう。

2010年、ロンドンに住む6歳のチャーリーくんはハイチで起きた震災の報道を目にして小さな心を痛めていた。自分にできることはなんだろうと彼は考えた末、被災地で救援活動に取り組むNPOに寄付を集めるため、JustGivingで次のように呼びかけることにした。「ぼくはこれから雨の日も風の日も、最近乗れるようになった自転車で1周9キロのハイドパークを頑張って走るよ。もしもぼくを応援してくれるなら寄付をしてください。そのお金はハイチで救援活動をするNPOに送られるんだ」

このアイデアは大きな反響を呼び、3000万円以上の寄付が集まった[*1]。元々ハイチを支援したい人、NPOを応援したい人が寄付をしただけではここまでの金額にならない。NPOのスタッフから頼まれたときには寄付しない人たちが、チャーリーくんの呼びかけによって、「こんな小さな子どもが頑張っているんだから、少しくらい応援しようかな」と考えて寄付したことが大きい。

英国JustGivingの貢献は、チャーリーくんのような、ボランティア・ファンドレイザーによる寄付集めを世の中に浸透させた点にある。当事者ではない人が寄付を呼びかけることで、NPOの声が届かない人にも届けることができる（図1）。さらに、友人・知人がSNSなどを使って次々拡散してくれるので、自分だけが寄付するときよりもずっと多くの寄付が集まる。英国では、ロンドン・マラソン完走のように、何か大きなことにチャレンジする際にボランティア・ファンドレイザーとなって寄付を呼びかけることが文化になっている。

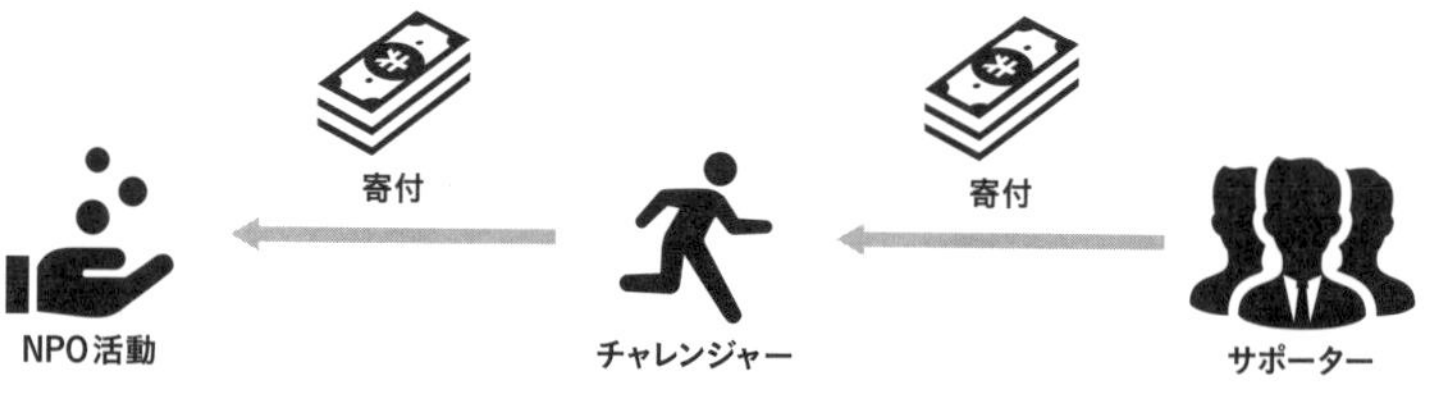

図1　JapanGivingの仕組み

英国JustGivingは、２００１年の設立以来33億ポンドもの寄付金を調達し、世界を代表する寄付サイトになっている。それを手本に、日本のJapanGivingは２０１０年３月に開始した。当時の日本は、①インターネットで寄付を集められない、②個人寄付に対する税額控除の仕組みがない、さらに、③ＮＰＯのためにボランティア・ファンドレイザーとなって寄付を呼びかけるという文化がないなど、英国と大きな違いがあったので、このサービスの周知や定着にはかなり苦労した。しかし、日本に合うようカスタマイズを重ねた結果、開設から３年間で10億円以上を調達することができた。この金額は英国の最初の３年間よりも多いそうで、英国JustGivingのＣＥＯにも驚かれた。

Q2 購入型クラウドファンディング・サイト「ShootingStar」を始めたきっかけを教えてください

寄付型クラウドファンディング・サイトであるJapanGivingに続き、購入型クラウドファンディング・サイトのShootingStarをスタートさせたのは２０１３年である。直接のきっかけとなったのは東日本大震災だった。

２０１１年３月11日に震災が発生して以降、JapanGivingには被災地支援を目的にしたプロジェクトがたくさん立ち上げられ、多くの寄付が寄せられた。しかしぼくは、同時にある問題に直面していた。津波で店舗を流されてしまった居酒屋のご主人が「店舗を建て直したいから、JapanGivingを使いたい」と相談に来られたことがあったのだが、英国JustGivingとの間には〝支援対象はＮＰＯに限る〟というルールがあり、協力することができなかったのだ。また、ある時には、被害を受けた地元ローカルＦＭ局から、再建のための寄付を呼びかけたいとの相談を受けたが、同じ理由でお断りするしかなかった。

被災地で何かに取り組みたいという願いは、それが営利か非営利かを問わず応援したい。しかし英国との契約はそれを簡単には許してくれなかった。そこで支援対象をＮＰＯに限定しないクラウドファンディング・サイトを別でつくろうという結論に辿り着いた。英国JustGivingにも相談したうえで、「別ブランドなら」という同意を得て設立したのがShootingStarだった。

オープン以来、順調に調達実績を伸ばしてきた。１プロジェクトあたりの調達金額は平均１６０万円を超えはじめている。

オープン前に、国内外のクラウドファンディングについてきめ細かくリサーチをしたこと、また、２０１０年からJapanGivingを運営してきて、いろいろなノウハウを蓄積できていることが大きい。JapanGivingの運営を通じて痛感したのは、クラウドファンディングは金融サービスだということだ。お金を取り扱うからには、運営の安全・安定とユーザーからの信頼感が何より重要だという認識をもっている。

たとえば、「被災地で居酒屋を再建する」というプロジェクトを成功させ資金を集めたはいいけど、結局、計画がずさんでオープンできませんでした、なんてことはあってはならないことだ。サイト運営者の役目は、そんな状況が発生しないよう審査・管理に努めること、万が一発生した場合はその影響を最小限に留めるよう努めることにある。ぼくらは専門チームを置いて、申請の段階からプロジェクトの妥当性、実現性について調べるようにしている。だから、ShootingStar に掲載されている案件は、基本的に信頼できるものだという自信をもっている。信頼感が金額を押し上げているなら、とても嬉しい。

Q3 クラウドファンディングで資金調達に挑戦する人が、まず考えるべきことは？

最初に強調しておきたいのは、クラウドファンディング以外にも資金調達手段は沢山あるということだ。クラウドファンディングと他の手段をよく比較検討してみてほしい。吟味したうえで、やはりクラウドファンディングが自分たちにとって良さそうだということなら、是非、活用してほしい。

ほかの手段は、ＮＰＯであれば、行政の補助金・助成金などになるだろう。個人や個人事業主、営利団体であれば、ベンチャーキャピタルや信用保証協会などの金融機関からの出資・融資、行政のスタートアップ支援の補助金・助成金などが考えられる。クラウドファンディングの特徴は、

①数十万円から数百万円程度の資金ニーズに対して

②画像・動画を使ったわかりやすいプレゼンテーションと

③友人・知人を介した伝達で共感度合いを増幅して
④不特定多数の人から少額の支援を積み重ねて目標金額まで集める

ことである。このような特徴をもつ手段が、あなたやあなたの所属する団体のポリシー、プロジェクトの内容、実施時期などと照らし合わせてベストかどうかを考えてみることは重要だ。

次に、もしあなたの所属団体がNPOなら、寄付型クラウドファンディング・サイトで挑戦するのか、それとも購入型でするのか、という決断を迫られる。寄付型クラウドファンディング・サイトの最大の強みは、NPOにとっても寄付者にとっても寄付税制上のメリットがあるという点だ。寄付型で集めた資金は税制上の寄付金として認定されるから、NPOが受け取る寄付収入には課税されないし[*2]、NPOの要件によって、寄付者は確定申告をすることで所得控除や税額控除を受けられる可能性がある。

購入型クラウドファンディング・サイトの強みは、多種多様なリターンを設定できることだが、寄付型でも一定範囲でリターンの提供は可能になっている。

図2　鎌倉市観光商工課のプロジェクトページ（出典：JapanGiving　http://japangiving.jp/c/9231）

たとえば、鎌倉市観光商工課は、名所の観光ルート板を新設するためのプロジェクトをJapanGivingで立ち上げた（図2）。そのとき、寄付者の名前をルート板に掲載するというリターンを提供することにした。「この先に、源頼朝のお墓がありますよ」というルート板に自分の名前が刻まれるかもしれないわけだ。一口1万円で募集をかけたところ、100人の方からすぐ応募があり、目標金額の100万円が達成できた。リターンとして設定できるものの範囲は限られるが、寄付型ならではのリターンをうまく考案することで、リターンを提供することの強みと、寄付税制のメリットがあるという強みの両方を活かすことができる。

Q4 どんな人が向いていますか？

企画力と広報力の両方を兼ね備えた人だ。企画力とは、わくわくするようなプロジェクトやリターンを考案できる能力だ。広報力は積極的に発信していくことを面倒くさがらない、コミュニケーションに関わる姿勢のことだ。自分が所属する会社やクラブ・サークルなどで高い知名度と信頼を獲得していて、かつ、小まめに仲間に連絡をとるような人が向いている。

ぼくたちは、プロジェクトの成功確率を、申請者の企画力と広報力の掛け算から予測する。目標金額と照らし合わせて、掛け合わせの大きさが十分か、それとも不十分なのか。結果によっては目標金額の減額を提案することもある。

もちろん、企画力と広報力の両方が同じように秀でている必要はない。リターンのアイデアは沢山出すことができるが、だれに、どのように広報していいかわからない人、一方、豊富な人脈を築けているがプロジェクトを売り込むためのストーリーづくりは不得手な人など、さまざまなケースがある。申請者に自信がない点を、ぼくたちクラウドファンディング・サイトの運営者がサポートできることが重要だ。JapanGivingやShootingStarのトップページを見てもらえれば、多くの企業と連携して、その人の〝苦手〟をカバーできるようなサポート体制を整えていることがわかってもらえるだろう（図3）。

Q5 成功の秘訣は、ズバリ何ですか？

とにかくスタートダッシュ。目安は、開始後1週間で目標金額の30％を達成することだ。

ぼくらのデータを見ると、この条件をクリアしたプロジェクトで最終的に成功しなかったものは一つもない。米国の大手クラウドファンディング・サイトIndieGoGoも、最初の1週間以内に目標金額の25％を

図3　ShootingStar のパートナー企業

達成することができれば成功確率は5倍以上高まると報告している。[*3]

この基準を押しだすことは、他の側面からも重要だ。たとえば、申込時に「1週間で30％」基準を申請者に提示することで、彼らの覚悟が伺えるという側面がある。芸能人やスポーツ選手のように有名でない申請者にとって、最初の1週間で目標金額の30％まで到達することは非常に高いハードルだ。これまでに培ってきた人脈を目一杯活用しないと達成は難しい。

ぼくらの要求に対する申請者の反応を見ることで、彼らがもちうるリソースを最大限活用する意気込みがあるかどうかがわかる。基準を聞いてモチベーションが低下してしまうのか、それとも、やっぱりクラウドファンディング・サイトを通して資金を調達したいという気持ちをもち続けられるのか。もちろん、ぼくたち運営側は、もちうる限りのリソースを使い、申請者をサポートする覚悟はできているつもりだ。

また、支援する人も、申請者が最後までやり切る人かどうかをきっと見ている。クラウドファンディングでは、支援者はいろいろなことが不確かな状態のままで、資金を提供するかどうかの決断をしないといけない。最終成果物としてどんなものが完成するか未確定だったり、あいまいな部分が残っていたりすることも多い。そして、いつ完成するかも厳密には約束されていない。完成しないリスクもゼロではない。そんななかで頼りにできる情報は、申請者が本気かどうかということだ。1週間で目標金額の30％を達成できれば、自分たちは本気だというメッセージが支援を検討中の人たちにも伝わるはずだ。

さらに、1週間で目標金額の30％が集まると、申請者自身はいよいよ引っ込みがつかなくなる。たくさんの人たちの期待を実際に背負ってしまうからだ。自分たちの本気度を示すために1週間で目標金額の30%が集めたなら、逆に、そのことで自分の本気度は益々高まるに違いない。

そんな風に、モチベーションをうまく管理しながらクラウドファンディングを活用してほしい。

〈注〉

＊1 ５００ポンドの目標金額に対して、21万ポンド以上の金額が集まった。２０１６年3月末時点で、総寄付件数は９１５３件に上り、目標達成率はなんと42万%を超える。 https://www.justgiving.com/CharlieSimpson-HAITI

＊2 対価性のあるギフトを設定している場合は寄付金として認定されないケースもありえる。

＊3 IndieGoGo の最高経営責任者スラヴァ・ルービンが紹介した、5つのTips のうちの一つ。ほかにも、「5日に一度のペースで情報更新するプロジェクトは、20日に一度のペースのプロジェクトの約4倍の金額を調達する」などがある。 http://www.kauffman.org/newsroom/2014/02/practical-advice-for-running-a-successful-crowdfunding-campaign-featured-in-new-kauffman-sketchbook

2

実践者に学ぶ。
12プロジェクトの舞台裏

– text　山本純子・佐々木周作

クラウドファンディングの基礎用語メモ

- クラウドファンディング
個人や団体がインターネット上でやりたいことを発表して、賛同・共感してくれた不特定多数の人から小口資金を募ること。

- クラウドファンディング・サイト
やりたいことを発表するためのウェブサイトのこと。販促や集金を仲介する業者によって運営されている。

日本には、JapanGiving・READYFOR・CAMPFIRE・MotionGallery・Makuake・ShootingStar・GREENFUNDING by T-SITE・FAAVO などのウェブサイトがある。

類型には、寄付型・購入型・投資型などがある（p.5 参照）。

- プロジェクト
個人や団体によって立ち上げられた、個別のクラウドファンディング企画のこと。

- 企画者
プロジェクトを立ち上げた個人や団体のこと。寄付型の場合、“ファンドレイザー”と呼ぶこともある。

- 支援者
プロジェクトに賛同・共感して、寄付するか、リターンを購入する人のこと。“パトロン”と呼ぶこともある。

- リターン
支援に対するお礼として、企画者から提供されるお返しのこと。お礼のメッセージからプロジェクトの最終成果物（たとえば、映画の試写会のチケットなど）まで、内容は幅広い。“リワード”“ギフト”と呼ぶこともある。

- プロジェクト・ページ
クラウドファンディング・サイト内に設けられたプロジェクトのための専用ページのこと。プロジェクト内容の説明文が、写真や動画などとともに掲載されている。

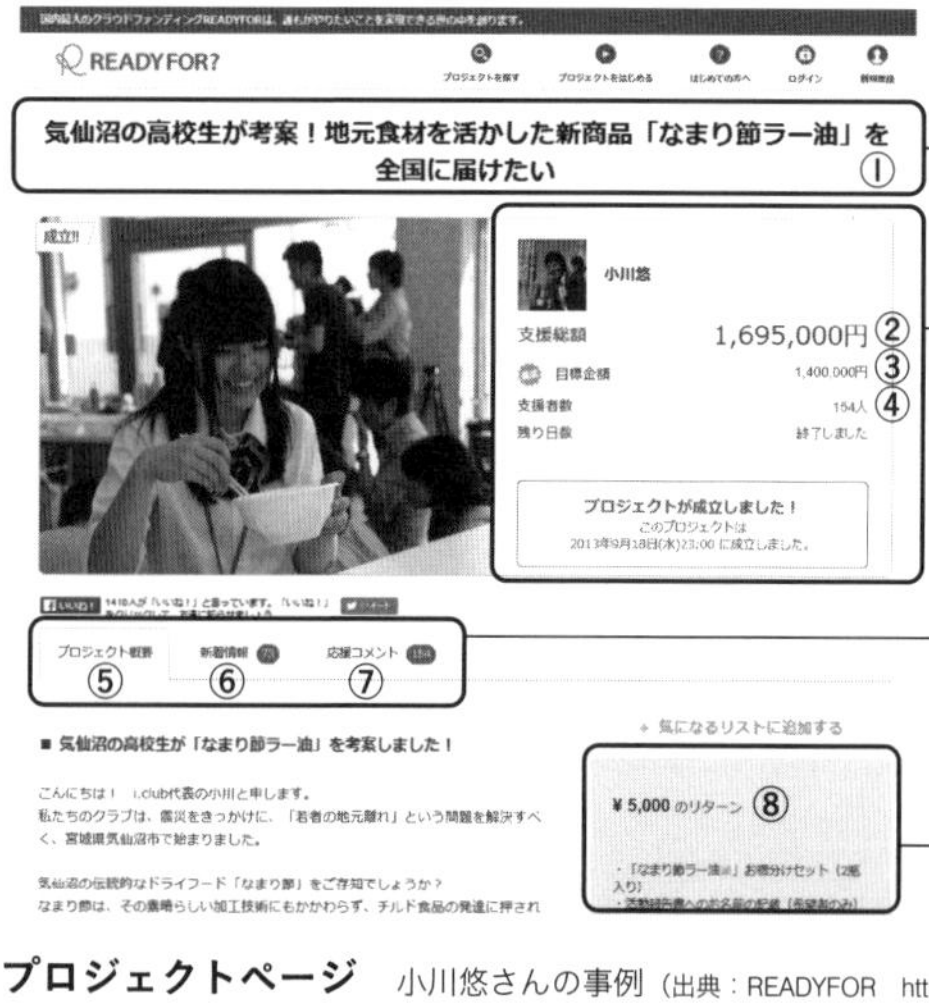

① **プロジェクト名**

② **支援総額** や ③ **目標金額**、④ **支援者数** を確認することができる。

⑤ **プロジェクトの内容** が詳しく説明されている。タグを変えると ⑥ **経過報告** や他の支援者の ⑦ **応援コメント** を見ることができる。

⑧ **リターン** の中身が金額別に紹介されている。

プロジェクトページ　小川悠さんの事例（出典：READYFOR　https://readyfor.jp/projects/iclub_kesennuma）

- category　地域

- episode

地元の食材「なまり節」を全国に届けたい

気仙沼の高校生による商品開発が地域を元気にする！

- project

名称	気仙沼の高校生が考案！ 地元食材を活かした新商品「なまり節ラー油」を全国に届けたい
手段	READYFOR
分野	地域活性化
調達期間	72日間
調達金額	169万5000円
目標金額	140万円
支援者数	154人

- interview

小川悠さん

一般社団法人 i.club 代表理事

（おがわ・ゆう）1988年生まれ。2013年東京大学大学院工学系研究科修士課程修了。東日本大震災をきっかけに、地域における若者の地域離れを実感。その解決のための新たな仕組みづくりをイノベーション教育を通じて目指す一般社団法人 i.club を2012年に立ち上げ、統括する。2014年からは自身も修了した東京大学 i.school にも教職員として携わる。

- text　佐々木周作

地方の子どもたちは、高校を卒業すると一定割合が都会の大学へ進学するか、職を求めて親元を離れる。とはいえ地元の想いとしては、いつかUターンして、地域の活力になってほしいというものがある。

この問題は、東日本大震災で被災した東北地方でより顕在化している。もともと、震災の前から起きていた若者の地域離れが、震災を機にさらに加速してしまうのでないか、という不安が大きいのだ。今回、紹介するのは、そうした若者の地域離れを解決する一つの糸口につながるかもしれない、被災地で生まれたクラウドファンディング・プロジェクトだ。

●「若者の地域離れ」を解決するには？

小川悠さんは、東日本大震災から3カ月ほど経った２０１１年6月頃、初めて宮城県気仙沼市を訪れた。気仙沼は、震災で特に大きな被害を受けた地域の一つだ。

当時、小川さんは東京大学の大学院生で、東京大学 i.school[*1]（アイスクール、以下 i.school）という大学が提供するユニークなプログラムに所属していた。社会にイノベーションを起こしたいという思いをもつ、東京大学の多様な専門分野の学生や企業によって構成される、産学連携的なプログラムだ。i.schoolでの活動を通してイノベーションの社会的意義や有効性を身をもって感じた小川さん。未曽有の大災害を受けた被災地の復興に、自分が学んだことを活かしたいとの想いから気仙沼を訪問した。

気仙沼の大人たちと話をするなかで実感したのは、「若者の地域離れ」がいかに深刻かということだ。気仙沼には大学がないため、子どもたちは高校卒業後、就職か進学という形で気仙沼を出て行く。そして、一度出てしまうと、多くが帰って来ない。「将来、人がいなくなってしまうのではないか」と、多くの大人たちが嘆く様子を目にした。当の高校生たちも、地元を早く出て行きたいと思っているように見えたという。小川さんが「気仙沼って良いところだね」と語りかけた時は、「でも、マックもないし、スタバもないじゃないか」という言葉が返ってきた。

しかし、さらに高校生たちと話をしてみると、心底、地元のことが嫌い、というわけではないことがわかった。

小川　「気仙沼は鰹節をはじめとする乾物は全国的に有名だし、優良な加工会社もたくさんあるじゃないか」と返すと、「考えたこともなかった！」と高校生たちの反応が変わったんです。それで、地元の良いところや格好良く仕事をする大人たちを知る機会がこれまでなかったんだ、ということに気づきました。

話をするうちに、震災で活気を失った地元のために何かしたいという気持ちをもつ高校生も実は多いこともわかった。ただ、何をすればいいか、どこから

古くから漁業で栄えたまち、気仙沼

手をつければ良いかわからないこと、それに加え、そうしたことに挑戦する機会が今までなかったことで、一歩踏み出すハードルが高くなっていた。

高校生たちとの対話を受けて、若者の物理的かつ精神的な「地域離れ」は次の三つの理由から生じているのではないか、と小川さんは考えた。一つは、〝地域の良さを理解する機会がなかった〟こと。気仙沼の何が良いかをはっきりと語れない自分が地元に戻る理由がない、と考える若者も多いだろう。次に、〝世代を超えて地域の人たちと繋がる機会がなかった〟こと。子どもたちが、地元の産業や文化を支える多様な大人たちと繋がりをもつチャンスがないために、一度地元を離れてしまうと戻るための接点を失ってしまうこともあり得る。最後に、〝新しい価値を生み出す方法を学ぶ機会がなかった〟こと。地元のために何かしたくても、どうすればよいかわからない。今ある地元の産業に将来性を見いだせないと考えて、気仙沼で働くことを早々と断念し、地域との繋がりが希薄になる若者もいるはずだ。

小川さんは、高校生のうちに右の3つの機会を提供することが大切なのではないかと考えた。なぜなら、高校時代は彼らが地元で過ごす最後の時間になるかもしれないからだ。

地元の良さを再発見し、世代を超えた繋がりを構築しながら、新しい価値を自ら創出していく。そのような経験を積むことによって、一度気仙沼を離れても、地元に戻りたいと思ったときにはいつでも戻って来られる。また、たとえ帰っては来なくても、遠くからでも気仙沼と繋がりをもちつづける方法も自分で見つけられるはずだ。

「気仙沼〝で〟生きるのか」「気仙沼〝を〟離れるのか」という窮屈な選択を高校卒業時に迫られていた若者が、生涯にわたってどこにいても「気仙沼〝と〟生きる」ための術を身につけることができる。

小川 「気仙沼のこういうところが好きだ」「こんな仕事をしている格好いい大人がいる」「地域のために、こういうことをやったことがある」と具体的に語れることは、彼らの人生にとって大きなことだと思っていました。

●イノベーションを起こすためのクラブ活動

小川さんは、
①気づく：インタビューやフィールドワークを通して地元の良さを再発見する
②形にする：地元の良さを伝えるためのアイデアを考案する
③伝える：アイデアを伝えることによって人々に新たな価値をもってもらう（＝イノベーション）ための機会を〝高校のクラブ活動〟の形式で提供する団体を立ち上げた。「イノベーションを起こすためのクラブ活動」という意味を込めて、名前は「i.club（アイクラブ）」とした。

こうした取り組みの呼びかけに、高校生が10人程度集まった。

食文化や伝統産業などといった地元の良さを再発見する活動のなかで高校生たちが辿り着いたのが、気仙沼の伝統的な食材「鰹のなまり節（以下、なまり節）」である。なまり節は、鰹節の兄弟のような食品だ。鰹節と比べて燻す回数が少ない、言ってみれば半生の鰹節だ。

全国有数の鰹の水揚げ量を誇る気仙沼は、乾燥した土地柄、鰹節の生産が昔から盛んであった。ただ、鰹節をつくるには平均して12回も燻す必要があり、時間がかかる。鰹節の消費量が全国的に高かった時代に、燻す回数を減らして回転率をあげた製品がなまり節だと言われる。

水気が残り、鰹節に比べてしっとりしているのが特徴だ。かつての気仙沼では、食卓に並ぶ漬物のように親しまれる存在だった。しかし現役の高校生にはなまり節を見たことがない者もおり、その親世代でさえ子どもの頃に食べた記憶がある、という程にまで、その食文化は失われつつあった。

確かに、その地味な見た目から、なまり節を初めてみた若者が「あ、食べてみたい」と思う可能性は低そうだ。しかし、実際に高校生らが生産者と出会い、いただいたなまり節を初めて食べてみると「食感が予想よりしっかりしていて美味しい、食べ方を工夫すれば十分若者にも受け入れてもらえるのでは」と思ったそうだ。

なまり節の良さをもっと引き出すには、どのような工夫が必要だろうか？　小川さんの投げかけた問い

気仙沼の特産品、鰹のなまり節と生産者

を受けて、高校生たちは、なまり節のイメージを刷新するような、新しい商品の考案を目指した。大切にしたことは、なまり節の食感を活かすということだ。また、以前のように食卓に当たり前に並ぶようなものにしたいと、「10年後、気仙沼に帰ってきた時も家の棚に並んでいるものにしたいね」そう語り合いながら議論を重ねた。

そうして考え出されたのが、〈なまり節ラー油〉である。なまり節をピリッと辛いラー油と和えてみた。食べてみると、米やパン、スパゲッティなど主食だけでなく、焼き魚や刺身など、どんな食品にも馴染むことがわかった。

そして迎えた活動の成果報告会。高校生らがアイデアを披露すると、講評者や来場者から「これは面白い！」と絶賛の声を受けた。地元の加工会社の方からは「これだったら、うちの工場でつくってみたい」といった嬉しい申し出があったそうだ。ただし、商品化のための開発資金は、小川さんたちで工面する必要があった。

その時、小川さんの頭に浮かんだのがクラウドファンディングだ。以前からクラウドファンディングの特徴がi.clubの活動と親和的だと感じていたという。それは、単なる資金調達手段にとどまらず、広報手段としても優れている点だ。〈なまり節ラー油〉という新しい商品をつくっても、それが多くの人に知って

どこか懐かしくも新しい味〈なまり節ラー油〉

もらえなければ商品開発としては成功しない。また、高校生たちも、自分たちの活動が全国の方に支援してもらえていると感じられれば、大きな自信につながるのではないかと小川さんは考えたのだ。

２０１３年７月９日、クラウドファンディング・サイト「READYFOR」[*2]上に、なまり節を全国に届けるためのプロジェクトを立ち上げた。目標金額は、１４０万円に設定した。

●地元食材を活かした新商品〈なまり節ラー油〉を全国に届けたい！

小川さんは、クラウドファンディングを実施するにあたって、過去のプロジェクトを入念に研究したという。そこでまず、小川さんたちのように20代の人が成功させるのは思ったよりも難しい、ということに気づいたそうだ。

小川　成功しているプロジェクトを見ると、（当時は）30代以上の人のものが多かったからです。

クラウドファンディングは20代よりも30代以上の人の方が成功させやすい、という傾向は確かにあるだろう。プロジェクトの初期段階は、自分の直接の知人・友人からの支援が中心になる。そして、その頃に勢いをつくれるかどうかが成功の鍵を握るとも言われる。つまり、知人・友人のネットワークの広さと、付き合いの深さが成功の決め手となるのだ。当然20代より30代の方が社会人経験も長く広い人脈を築けているだろうから、成功しやすいと考えるのは自然だ。

小川　でも、知名度のない自分たちが、商品の魅力や意義、集め方の工夫次第で成功させられるなら、クラウドファンディングの可能性はもっと大きいと思うんです。

〈なまり節ラー油〉の完成度に加え、気仙沼の高校生たちの商品開発への想いをしっかり伝えることさえできれば、きっと成功させられる、そう小川さんは確信していたという。

●だれに、いつ、どこで、どうやって広報するか？

クラウドファンディングのもつポテンシャルを目いっぱい引き出すために、小川さんはプロジェクトの開始前から念入りに広報戦略を立てた。どんなにいいプロジェクトもその魅力が相手に伝わらないと意味がない。今回の広報戦略には、大きく分けて三つの柱がある。

一つ目は、〝SNSを使った情報発信はお手本となるプロジェクトのやり方に倣う〟こと。

小川　お手本となるプロジェクトを探していた際に知った『福井人』[*3]というプロジェクトの広報活動にはとても影響を受けました。プロジェクトが進行する様子がリアルタイムで報告されていたり、目標金額までのカウントダウンを毎日報告していたり、インターネット越しでもプロジェクトの臨場感を感じられる工夫がとても参考になりました。

『福井人』は、2012年10月にREADYFORで始まったプロジェクトだ。福井県内の「カニ剥き名人」「東尋坊の番人」「恐竜博物館・名物館長」など、個性的で魅力的な人物を発掘して、彼らを特集した書籍を刊行したいという目的で企画された。見事目標金額は達成され、200人の福井人が特集された『福井人――福井県嶺北地方人々に出会う旅（COMMUNITY TRAVEL GUIDE）』（英治出版、2013年）が出版された。

小川さんは『福井人』の広報戦略を採り入れて、i.clubの活動を可視化することを心がけた。具体的には、メンバーが活動している様子の写真や、「達成率○%です」と掲げたプレートをもっている写真を頻繁にFacebookページに投稿し、インターネットを通じていつでも臨場感を感じられるようにした。

次に、〝リアルなコミュニティづくりに力を入れる〟こと。〈なまり節ラー油〉の試食イベントを3週間に1回のペースで計3回、東京近郊で開催した。商品の魅力を理解してもらうためには、オンラインツールを使った広報活動だけでは不十分だと考えたからだ。特に気仙沼から遠く離れた人たちに良さを実感してもらうには、実際に見て、触れて、食べてもらうことが一番だ。

試食用のレシピや試食方法の考案は、食卓研究家として活躍する新田理恵[*4]さんから多大な協力を得た。i.clubの活動に強く共感した新田さんは、高校生たちが考案した〈なまり節ラー油〉の商品化にあたりレシピを改良した際にも多くのアドバイスをくれたという。

最後に、〝応援する人の立場に立って依頼のタイミングを変えた〟こと。

小川　１４０万円という金額を集めるにあたり、だれなら応援してくれるのかをとことん考え抜きました。また、いつ、どういう形で依頼すれば応援してもらいやすくなるか、も考えました。応援をする人の立場に立ってみると、お金を出しやすい時期や方法は人によって違うと感じたからです。

確かに、プロジェクトが始動してまだ間もない頃には「だれも支援していないから、自分から！」と真っ先に支援する人もいれば、「だれかが支援するまで様子を見よう」と静観する人もいるだろう。プロジェクトの終盤に差しかかる時期には、「これだけ多くの人が支援しているからほかの人に任せよう」と思う人もいる一方で、「自分の支援で１００％のゴールを切りたい！」と達成の瞬間に関わりたい人、「これだけ沢山の人に支持されているなら」と周囲の盛り上がりに触発されて支援する人もいるだろう。つまり、どのタイミングで依頼することが支援の心理的な負担感を一番小さくするかは、人によって異なるはずだ。

〈なまり節ラー油〉の初期の支援者には、小川さんの東北での挑戦を初期の頃から応援してくれていた身近な人たちが多かったという。一方、目標の達成が見え始めた頃には、面識のない人やイベントを通じてプロジェクトを知った人からの支援が増えたという。

頭を捻り、汗をかいてつくりだした盛り上がりの結果、調達金額は目標金額を大きく超えた。最終的な達成率は121%だ。この資金を使って〈なまり節ラー油〉は、無事に商品化されることとなった。

●地域〝と〟生きる術を学ぶ場

〈なまり節ラー油〉のプロジェクトは、新しく考案された地域名産の好事例として、日本経済新聞などの全国メディアで採りあげられた。また、地域に眠る価値を再生させた創造性が評価され、いくつかの賞も受賞した。なお、都内アンテナショップやネット通販[*5]により現在でも購入可能だ。一度きりの生産・販売で終わってしまうことも多い地域新名産開発の取り組みのなかで、その歩みは力強い。

地元である気仙沼にも、〈なまり節ラー油〉は根付き始めている。小川さんが気仙沼の居酒屋を訪れたある日、観光客が座る席からこんな声が聞こえてきたという。「お土産に何買って帰ろうか?」『なまり節ラー油』っていうのがあるらしいよ」観光客の会話のなかで自然な形で登場していたのだ。

〈なまり節ラー油〉を開発した高校生らは、2014年の春に高校を卒業した。

小川　皆、地元と自分との関係性について意識的になったと思います。それぞれが i.club を通じて得た体験から、自分の言葉で「気仙沼のここが好きだ」「こんな仕事をしている格好いい大人がいる」「地域のためにこんな活動をしたことがある」と具体的に語れるようになれたのではないでしょうか。

と、小川さんは語る。なかには、「外に出て行きたいという気持ちは変わらない。けれど、外に出て学んだことを気仙沼に持って帰ってきたい」と話す学生もいるという。また、別のメンバーは地元に残って商品開発を続ける道を選んだ。斉吉商店という、もともと地元の食材を使った商品を開発・販売していた会社の門を自ら叩き、ここで働きたいと申し出た。その年唯一の新入社員として採用され、今も元気に働いているそうだ。

冒頭で紹介したように、東日本大震災で被災した東北地方では、震災の前から起きていた若者の地域離れが、震災を機により加速してしまうのでないか、という大きな不安があった。しかしながら、いまi.clubのような、地域〝と〟生きる術を学ぶ場づくりが生まれたことによって、その状況は少しずつだが変わりつつあるように感じる。そして、それを実現できたきっかけの一つには、クラウドファンディングという存在があった。クラウドファンディングの仕組みによって、開発商品のファンづくりに成功しただけでなく、地域の高校生が全国の方々からの応援を感じ、地元でもなにかできるという自信につながったのではなかろうか。

それから数年、i.clubの活動の幅は広がっている。最初の3年間はクラ

商品が完売し、喜ぶ i.club の高校生ら

ブ形式で実施していたが、その間の実績が評価され、２０１５年の春から気仙沼向洋高校の授業科目として時間割に組み込まれた。当初10人程のメンバーで行っていたクラブ活動は、今では40人の高校生が受講する授業に進化している。小川さんも気仙沼向洋高校の先生と二人三脚でカリキュラムづくりや授業運営に励む日々だ。

高校の科目として採用されることは、実は小川さんの念願だった。正式な授業として認められることで、小川さんという外の人が気仙沼を離れても、i.club の活動の地域における持続性は一気に高まるからだ。今後は、i.club が掲げる地域の未来像を住民自身の手でつくりあげていくための仕組みとして、地域の皆さんへの引き継ぎに力を注いでいきたいと小川さんは語る。i.club はこれからも、高校生たちが「地域〝と〟生きる」ための術を学ぶ場として気仙沼に残り続けるに違いない。

〈注〉
＊1　東京大学 i.school　http://ischool.t.u-tokyo.ac.jp/
＊2　日本の購入型クラウドファンディング・サイト。２０１１年3月に、当時慶應義塾大学の大学院生だった米良はるかさんによって設立された。　https://readyfor.jp/
＊3　福井の人々との出会いを楽しむ　旅のガイドブック～福井人～　https://readyfor.jp/projects/fukui_jin
＊4　食卓研究家・写真家。i.club の活動に共感し、気仙沼を訪れ i.club のメンバーたちとも交流を重ねた。「なまり節ラー油」を商品化する際には、レシピの改良に向けてアドバイスを行った。本人も、READYFOR で「身体を慈しみ、地域を活かす国産薬草茶を作りたい！」というプロジェクトを立上げ、目標金額を達成している。
http://tab-el.com/
＊5　斉吉商店通販サイト　http://www.saikichi.jp/SHOP/NR-01.html

	- category	研究

- episode

古生物・モササウルスの研究を続けたい

学術研究の新しい情報発信のかたち

- project

名称	太古の海洋爬虫類モササウルスの眼の機構を調べたい！
手段	academist
分野	研究
調達期間	45 日間
調達金額	38 万 3360 円
目標金額	30 万円
支援者数	43 人

- interview

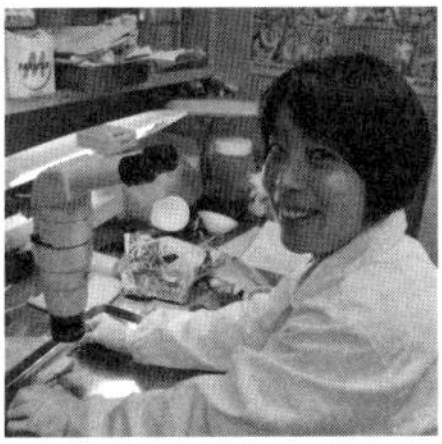

山下 桃 さん

東京大学大学院理学研究科博士後期課程

（やました・もも）1989 年生まれ。2011 年東京学芸大学教育学部卒業、2013 年同大学修士課程を修了したのち 1 年間中学・高等学校で地学の非常勤講師を勤める傍ら東京学芸大学の個人研究員として古生物学研究を続ける。2014 年に東京大学大学院博士課程に進学し、現生の動物をもとに古生物の生態復元を試みている。

- text　佐々木周作

「モササウルス」という生物をご存知だろうか。読者の多くは「サウルス」という語尾から恐竜か何かの一種であることを想像するだろう。しかし、その名前や生態をすでに知っていた人はほとんどいないはずだ。もしも名前だけでも聞いたことがあるという人がいれば、それだけで相当のマニアだ。

今回インタビューをした山下桃さんは、現在、東京大学大学院に在籍している学生で、そのモササウルスを研究対象にしている。モササウルスは、実のところ、恐竜ではない。白亜紀後期[*1]に生息した海生爬虫《かいせいはちゅう》類[*2]で、トカゲの仲間だと言われている。ただ、トカゲと違って、海の中で生活をすることができたのが特徴だ。

●大学院生による、研究のための、クラウドファンディング

山下さんの研究テーマも、海生爬虫類としての性質を踏まえたものになっている。それは、「モササウルスはどれぐらい深く潜ることができたか」である。

テーマを一聴するだけでとにかく面白そうだ。また、さらに興味深いのは、潜水の深さをどうやって確かめるかである。モササウルスはすでに絶滅しているので、彼らが実際に泳いでいる姿を観察して確かめることはできないはずだ。

検証には、モササウルスの化石に残存する情報や、モササウルスの仲間であり現在も生きているトカゲ類の標本から得られる情報を使う。山下さんの研究の特徴は、眼から得られる情報に着目した点にある。

感覚器官である眼は、動物の生活様式に深く関わると言われる。ただ、眼は軟組織でできているために化石として残りにくく、その情報を使うことができない場合が多い。しかし、モササウルスを含む爬虫類の眼には骨片が含まれているので、この骨片が化石として残っている場合がある。山下さんはこの化石に注目して、彼らの潜水能力を推測しようと考えたわけだ。

モササウルスの化石やトカゲの標本に関する情報は、国内だけでなく海外の博物館を訪問して集める必要があり、そのためには多額の交通費・滞在費がかかる。山下さんのプロジェクトは、トカゲの標本情報を２００体分集めるために必要な資金を調達したいというものだった。２０１４年12月、学術研究専門のクラウドファンディング・サイト「academist」[*3]でプロジェクトを開始し、翌年1月中旬頃に見事目標金額を達成した。

●学術専門のクラウドファンディング・サイトが生まれた理由

山下さんはどのような工夫をして目標金額を達成したのだろうか。

モササウルスのイメージ図。トカゲの仲間にもかかわらず人間の十数倍の大きさがあるモササウルス類が海の中を泳ぎまわっていた

その説明に入る前に、①研究にはどのようなお金が必要で、②そのお金を普段どこから調達していて、③現在、どんな課題があるかについて説明するべきだろう。そうすることで、academist のような学術研究専門のクラウドファンディング・サイトが、世界的に増えている事情をわかってもらえるはずだ。

まず、研究にはどのようなお金が必要なのだろうか。山下さんの研究の場合は、分析対象となる標本を集めるためのお金と、分析用の機器を借りるためのお金が必要だ。一方、心理学や社会学、経済学などではアンケート調査や実験をして、分析のためのデータをつくりだすことが多い。大規模な調査や実験になるほど必要資金は高額になる。また、工学などでは、実験機器や資材の購入に充てる資金が必要になることが多い。

これらのお金は、まずは日本学術振興会[*4]という団体に助成申請をして、選考を突破することで工面しようとするのが一般的だ。この団体は独立行政法人なので、研究のためのお金の多くは税金で賄われていることになる。加えて、学術研究への支援方針をもつ民間財団に助成申請をする方法もある。薬学や工学の分野であれば、企業との共同研究という形で私企業から資金提供を受けることも多い。

学術研究専門のクラウドファンディング・サイトが生まれた背景には、研究資金の大部分が税金に依存していることと、その一方で、昨今の行財政難のために研究費に配分される国家予算が減額傾向にあり、資金獲得がより難しくなっていることがある。そして、公的機関からの資金獲得がより競争的になるなかで、研究の成果が直接社会に還元される様子が想像しにくい分野や、成果の短期的な達成が望みにくい分野は存亡の岐路に立っているわけだ。

●閉じられがちな学問の世界

山下さんの研究テーマは、モササウルスはどのくらい深く潜ることができたか、であった。知的好奇心はもちろん刺激されるが、素人感覚だけでは研究成果が社会でどう役立つかは想像しづらい。山下さんの今回のチャレンジは、先述の背景からくる危機感に駆り立てられたものだろうと想像できる。

山下　「古生物学」研究（山下さんの研究領域のこと）の成果を、短い期間で、社会に直接還元するというのは難しいと思います。だからかもしれませんが、研究者に閉じられがちな学問になっています。一般の人にとっては、「古生物学って何？」と、名前を聞いたことさえないというものでしょう。皆さんの目に触れにくいことが、研究資金の獲得を難しくするという循環も生んでいるような気がします。

山下さんは、どのようなきっかけからクラウドファンディングの存在を

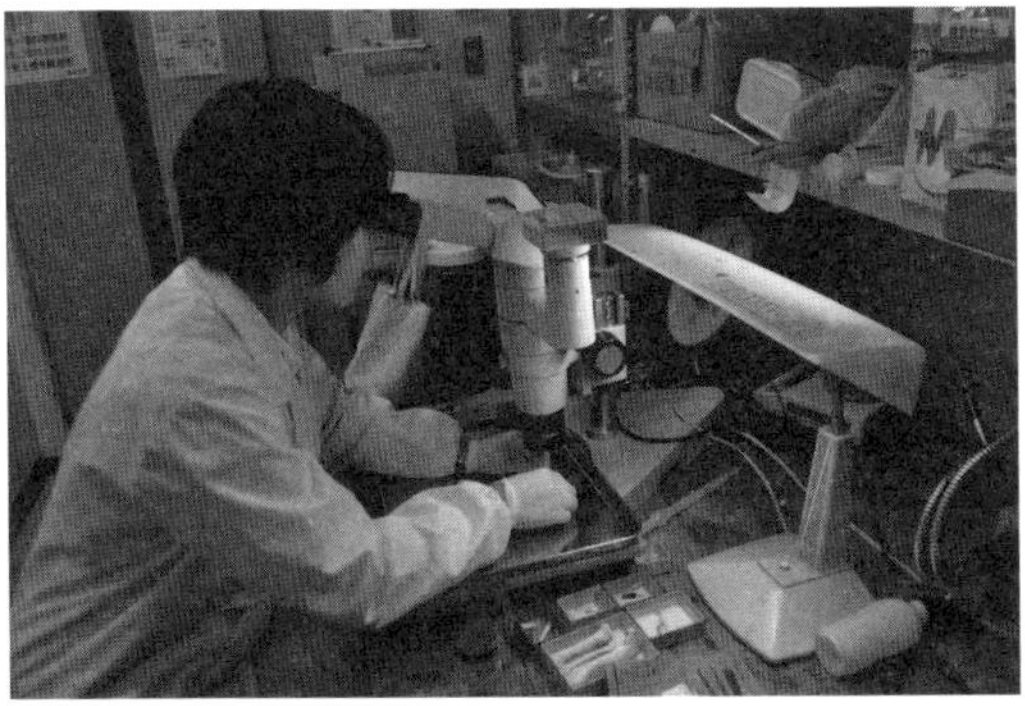
トカゲの頭部を顕微鏡で観察し、眼の構造の研究をしている様子

知ったのだろうか。

山下　（２０１４年の夏に）友人から誘いを受けて、academistさんが主催された勉強会に参加したことがきっかけです。その時に初めて、クラウドファンディングというものがあるということを知りました。これは面白い！　使えるんじゃないか？　と思ったのをよく覚えています。古生物学をテーマにしたクラウドファンディングを成功させることができたら、研究資金を集められるだけでなく、アウトリーチ活動（研究の視野を広げるための広報活動）にもなるんじゃないかと思ったんです。たとえば、古生物学のプロジェクトが成功したとなると、珍しい学問なのでニュースになるかもしれません。そのニュースがインターネット上で広まれば、これまで古生物学について何も知らなかった人に知ってもらえる機会になります。社会に役立つ科学とは異なる観点から、純粋な科学の面白さに興味をもってもらえる機会にもなるかもしれない。そこに大きな可能性を感じましたし、研究者がうまく使いこなせたらすごいことになると思いました。もう一つ、古生物学に興味があったり、プロジェクトに好感をもってくれた人たちから直接支援してもらえるというところも魅力的に感じました。

モササウルス類の眼の組織を計測している山下さん

古生物学に触れてこなかった人が、その内容や面白味を知る機会になる。そこに、クラウドファンディングの可能性と魅力を強く感じたようだった。

これまでにも山下さんは、子ども向け教室などのアウトリーチ活動に、積極的に携わってきた。ただ、これまでの活動だと、古生物学にすでに興味を抱いている人と接する場合がほとんどだったらしい。参加した子どもたちからマニアックな質問が飛び出して驚いたという経験も少なくない。

生まれて初めて古生物学という名前を聞いた、という人たちにアプローチするにはまったく別の手段が必要なんじゃないか。そう感じていたところに、クラウドファンディングと出会ったわけだ。

山下　閉じられた学問の世界に風穴を空けられるんじゃないか、と思いました。academist代表の柴藤亮介さんが勉強会で話してくれた、学術業界に対して抱いている危機感と、彼がacademistを通じて成し遂げたい将来像にも強く共感しました。ただ、私自身は普段、インターネット上で物を買ったり、お金を支払ったりということをほとんどしないんですね（笑）。少し抵抗感があるんです。なので、勉強会では、クラウドファンディングに伴うリスクなどについて質問しました。

●「いつか挑戦したい」から「実際に挑戦する」まで

機会があればいずれ挑戦してみたいという気持ちをもったという。勉強会への参加が２０１４年の夏、そして山下さんがプロジェクトを開始したのは同年の12月。その機会は思っていたよりも早く訪れた。
理由は、2014年の秋に、翌年の4月より日本学術振興会から研究資金を受けられることが決まったことだった。この団体の規定から、大学院生の間は、ほかの研究資金を受けることが制限されてしまう。つまり、山下さんは2015年4月から支援が終了する2017年3月までの間、クラウドファンディングに挑戦することができなくなるわけだ。

山下　とてもありがたいことに、日本学術振興会から研究資金をいただけることになりました。ただ、クラウドファンディングに挑戦するなら残された時間は半年ほどしか残っていません。日本学術振興会の支援が終わるまで待つという手もありました。だけど、それだと、2年以上の期間が空いてしまいます。その間にいろいろな事情が変わる可能性もある。古生物学を取り巻く状況がもっと悪くなっているかもしれない。
急だけど、面白そうだし、兎にも角にもやってみようと思い決めました（笑）。

目標金額は30万円。小さい金額ではないが、30万円ならなんとかなるかも……、そう思ったそうだ。「やるからには絶対成功させたい！」、その気持ちもあり30万円を目標にした。それは、今回の目的の一つが、古生物学でもクラウドファンディングで資金集めができるということを〝研究者仲間に〟示すことだったからだ。

●苦労の末完成した3分動画とオリジナル手ぬぐい

2カ月の準備期間は、academist のスタッフと二人三脚で戦略を練った。研究の合間をぬい、土日の時間と平日の夜の時間を使って準備をした。本業は研究だからと、できるだけ支障がないようにしたかったが、スケジュール管理にはなかなか苦労したようだ。

今回、特に時間をかけ、工夫を施したのは、PR動画とリターンの制作である。

山下　PR動画のテスト撮影の時、スタッフの方から「何を言っているか全然わからない」と言われました（笑）。

3分間しか時間がないなかで、研究の内容を理解してもらい、面白いと思ってもらう必要があります。さらには、支援したいとまで。3分間では、研究の内容を喋りきるには時間が全然足りないんです。また、たとえ短く喋ることができても、それが魅力的に聞こえるかどうかは別問題です。

どのポイントを中心的に扱うか、イラストの入れ方、身振り手振り、話し方にも気を遣いました。一方で、大げさに言い過ぎて、ちょっと嘘をついている、ということにならないよう注意しました。バランス加減が本当に難しかったですが、良い勉強になったとも思います。

研究者同士の報告会では、通常の場合、30分から1時間程度の時間をかけ、パワーポイントのスライドを使いながら研究内容を説明する。言い換えれば、前提知識を共有している者同士でも正確な理解には時間がかかるのだ。

古生物学を初めて知る人に、3分間で研究について理解して、面白がってもらおうとなると、普段とは全く異なる方法をとる必要がある。一方、巷でよく見る誇大広告のようになってはならない。情報は厳選されているけれども、専門家でなくとも簡単に理解できる。しかも面白いし、内容に嘘はない。この4大条件を満たすPR動画づくりは本当に大変そうだ。

山下さんの場合、これまでにも専門外の人に研究について話す機会が幾度かあった。その時、「モササウルス」という名前の引きが良いこと、化石やトカゲの標本を使って分析しているというのを興味深く思ってもらえることを実感していた。特に、山下さんが「眼」に着目してモササウルスがどれだけ深く潜れたかを研究しているということは、想像以上に面白がってもら

動画が閲覧できるプロジェクトページ（2016年3月現在）（出典：academist　https://academist-cf.com/projects/?id=8）

えることがわかった。「眼の山下さん」として憶えてもらいやすかったそうだ。そこでPR動画でも、モササウルスの実態や、眼に着目して研究することの面白味を全面に押し出してアピールすることに決めた。PR動画と同じくらい苦労したのが、リターンの制作だ。

山下　リターンの制作で大きなハードルになったのが、モササウルスの化石写真が使えないということでした。モササウルスの化石やトカゲの標本は、所蔵する博物館のものなんですね。研究する時に借りて、使わせてもらっているんです。私の所有でないものの写真を、そのままTシャツにプリントしてリターンにするのは良くない。指導教員の先生からも、避けるべきだとアドバイスを受けました。そこで、複数のモササウルスの写真をもとにして、イラスト化することにしました。これであれば、大きな問題はないだろうと考えたんです。

結果的には良いリターンがつくれたと思います。モササウルスの骨格は、それだけでとても格好良いので、イラストにして、真っ黒に色づけしたことで、格好良さをよく感じてもらえるものになったんじゃないでしょうか。

また、格好良さに加えて、眼の部分は細部までマニアックに再現することができたので、このプロジェクトならではのリターンにすることもできた、と満足しています。

リターンには、ほかにも幾つかこだわりというか、リクエストをしました。一般的なプロジェクトだと、ロゴ入りのTシャツなどがよくつくられると思うんですが、個人的に手ぬぐいが大好きなので、Tシャツでなくて手ぬぐいをつくってもらいました。これ、とても気に入っているんです（笑）。

支援者のおよそ半数近くが、手ぬぐいのリターンを選択した。こだわりの甲斐あって、多くの支援者に格好良いと感じてもらえたのだろう。

●よりたくさんの人に「古生物」の面白さを届けたい

プロジェクトは、２０１４年の12月25日クリスマスに始まった。お正月に入ると、多くの人がクラウドファンディングに目を向けなくなる可能性がある。年末までが勝負だと思い、短期間で集中的に広報活動をした。その結果、年末までに80％近くまで達成できた。当初の読みどおり、お正月から年明けにかけて中だるみしたが、10日を過ぎる頃から再び波がきて、1月の半ば頃には目標金額を達成できた。

山下　思い立ってから短期間で実施したプロジェクトでしたが、やって良

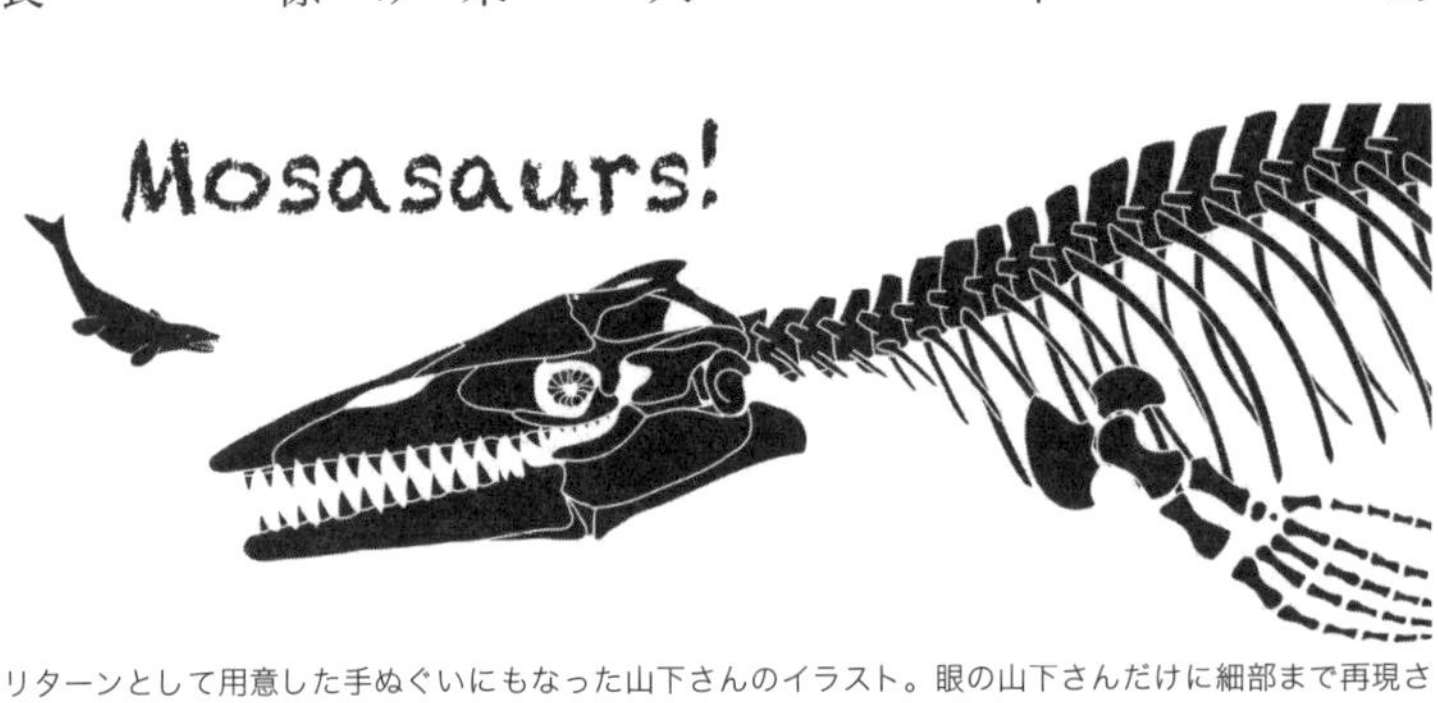

リターンとして用意した手ぬぐいにもなった山下さんのイラスト。眼の山下さんだけに細部まで再現された眼が印象的

かったです。
プロジェクトが終わった後に古生物学の学会があったんですが、いろいろな人に声をかけてもらえました。そのなかには、自分もやってみたい、という方が何人もいました。
古生物学でもクラウドファンディングを成功させられるんだということを示したい、という目標は達成できたと思います。

2015年4月から、山下さんは日本学術振興会の支援を受け、特別研究員というポジションに就いている。この間、2017年3月まではクラウドファンディングをすることはできないが、次にするとしたら、どんな内容のものにするだろうか。

山下　まず、何を目標にするかが大事になるでしょうね。今回は、研究者仲間にクラウドファンディングの存在と可能性を知ってもらうことが、大きな目的でした。そして、それは達成できただろうと思います。次の目標を、たとえば、研究者仲間を超えて、よりたくさんの人に「古生物」を知ってもらうことにすると、プロジェクトの内容や目標金額も違ってくるはずです。目的の達成しやすさも変わる。
あと、今回は初めてだったので、それで面白がってもらえた部分が大きいと思うんです。次回は、

「眼の山下さん」は使えません。何か別のアピールポイントを考えないと……。

と、次回への挑戦についても意欲的に話してくださった山下さん。思い浮かぶ困難は幾つかあっても、山下さんならきっと乗り越えて行くはずだ。

〈注〉

＊1　約1億4500万年前から6600万年前の時代を指す。

＊2　太古の昔に、海に生息していた爬虫類のこと。

＊3　日本の学術系クラウドファンディング・サイト。2014年4月に、首都大学東京の博士後期課程を単位取得退学した柴藤亮介さんによって設立された。大学の研究者らが、研究費を獲得するためにプロジェクトを立ち上げる。購入型クラウドファンディング・サイトではあるが、調達金額が、アカデミスト株式会社から研究者が所属する機関に寄付金として受け渡されることが特徴。　https://academist-cf.com/

＊4　日本の学術振興の資金配分を担う文部科学省の外郭団体。日本学術振興会ホームページ　https://www.jsps.go.jp/

- category ものづくり

- episode

組み立て式ロボットを商品化したい

ニッチなプロダクトの支援者は世界中にいた！

- project

名称	RAPIRO: The Humanoid Robot Kit for your Raspberry Pi	世界で話題の組み立て式ロボット「RAPIRO（ラピロ）」のさらなる世界展開プロジェクト！
手段	Kickstarter	Makuake
分野	ものづくり	
調達期間	60日間	72日間
調達金額	£75,099（約1126万円*）	566万9000円
目標金額	£20,000 （約300万円*）	300万円
支援者数	402人	142人

- interview

石渡昌太さん

機楽株式会社代表

（いしわたり・しょうた）1984年生まれ。2004年石川工業高等専門学校機械工学科卒業。2006年電気通信大学知能機械工学科卒業。2011年機楽株式会社を設立。2013年にはロボット組立キット「RAPIRO（ラピロ）」を発表し、クラウドファンディングによって約1700万円を調達。その製品化を実現した。

杉山耕治さん

株式会社ミヨシ代表取締役

（すぎやま・こうじ）1977年生まれ。2001年東海大学工学部卒業ののち、三井造船環境エンジニアリングを経て2003年株式会社ミヨシに入社、金型設計、金型製作、射出成形の技術を習得して2012年に代表取締役就任。技術士（機械部門）、日本技術士会機械部会幹事（2016年現在）、日本機械学会2014年度関東支部技術賞受賞。

- text 山本純子

*2013年8月19日調達終了時の為替レート（£＝150円）

SDガンダムみたい？　ハイテクロボットキット『Rapiro（RAPIRO）』の KickStarter プロジェクトが2日たらずで想定金額達成（TECKWAVE ホームページより）*1

IT系ニュースサイトにこのような見出しが掲載されたのは2013年6月のこと。アメリカの大手クラウドファンディング・サイト「Kickstarter」で〈Rapiro〉というロボット組み立てキットを開発するための資金調達が、わずか2日で目標の2万ポンド（約300万円）を調達したことを伝える記事だ。

このプロジェクトは、日本の中小企業4社の協働で実現した。中心となってプロジェクトの企画からデザイン、設計開発、海外プロモーションを行った機楽《きらく》株式会社（以下、機楽）、さらに、試作金型製作を担う株式会社ミヨシ、光造形技術をもつ株式会社JMC、電子基板製造の技術をもつ株式会社スイッチサイエンスがタッグを組んでいる。昔から世界的に信頼の高い日本の製造業の技術力を応用した「ロボット」というプロダクトが、海外のクラウドファンディング・サイトで成功した事例として注目を集めた。日本の技術力と発想を世界に売り出した一つの成功例、〈Rapiro〉プロジェクトを手がけた、機楽株式会社代表・石渡昌太さん、株式会社ミヨシ代表取締役・杉山耕治さんに話を聞いた。

●良質なアイデアがなかなか商品化されない現状

機楽は、玩具メーカーや家電メーカーなど、企業の企画開発部署やデザイン部署が社内プレゼンテーシヨン用につくる新製品の試作品を設計・開発する会社だ。これまで数多くの試作開発に携わった石渡さんだが、それらの企画は「ほぼ製品化はされない」と言う。

石渡　大企業の優秀な人たちが企画するので、そのまま売ってもいいクオリティのサンプルがたくさんできるのです。でも最終的に社内稟議で製品化の可否を決めるのは、市場で利益を生めるかどうか。欲しいと言う人が確実に想定できても、営業コストをかけて商品としてリリースするには市場規模が足りないという理由で、製品化されない企画が山ほどあります。企業の企画には当然守秘義務があるので、完全にお蔵入りになることがほとんど。社員の方たちはジレンマを感じていると思います。

大規模な会社だからできる製品開発もある一方で、あまりに無駄な部分も多いと感じていた石渡さんはある時、アメリカを中心にプロダクト開発の世界で、クラウドファンディングという仕組みを活用する人が増えてい

ハイテクロボットキット〈Rapiro〉

ることを知る。多くのプロダクトデザイナーやベンチャー企業が「こういうものをつくりたい！」というアイデア（企画案）をクラウドファンディング・サイトに掲載し、人々の支持を集めたものは資金調達に成功、実際に開発され商品として世に出しているのだ。「つまり、クラウドファンディングって試作品を見せてお金を集める仕組みなんだな。これは試作開発が得意な自分にはちょうどいいシステムじゃないか」。石渡さんは、自身でもクラウドファンディングを利用して自社製品化をしてみたい、とにかく成功するまでやってみようと決意する。

●外需が支える日本のものづくりだからこそ、海外での資金調達を

そこで最初にチャレンジしたのが、〈Tailly〉という心拍数測定センサーが内蔵されたしっぽ型のアクセサリーの商品化だ。装着した人の心拍数が計測され、驚いたときや楽しいときなど心拍数が上がったときに「しっぽ」が揺れる仕組みになっている。恋人といるとき、あるいは多くの人が集まるパーティや飲み会で新しいコミュニケーションを可能にするグッズとして、石渡さん個人が企画したプロダクト案だった。

石渡　特に、海外のクラウドファンディング・サイトで集めるというのが重要だと思っていました。というのも、日本の内需だけをあてにしてはいけない、という思いがずっとあって。日本の製造業って今までもこれからも外需に支えられていると思うんです。だからクラウドファンディングという新

しい仕組みを利用して、ダイレクトに海外からの需要に応えられるものづくりの可能性を日本でも追及していかなくてはいけないと思っていました。

〈Tailly〉は、2012年12月にアメリカのクラウドファンディング・サイトKickstarter（目標調達額6万ポンド[*2]）で、2013年1月から日本のクラウドファンディング・サイト「CAMPFIRE」（目標調達額500万円）とアメリカのクラウドファンディング・サイト「Indiegogo」（目標調達額5万ドル）でそれぞれ資金調達プロジェクトを実施している。石渡さんは、どのプラットフォームでも「オール・オア・ナッシング」方式（目標額を達成しないとそこまで調達した資金も受け取らないというルール）を選択するようにしていたが[*3]、集まった額はそれぞれ1万2033ポンド（Kickstarter）、55万9500円（CAMPFIRE）、1万6215ドル（Indiegogo）とどれも目標額には届かなかった。〈Tailly〉製品化のために目標額を低く設定してクラウドファンディングに再挑戦する方法もあったが、少ない資金で強引に製品化をしても、中途半端なものをつくって失敗するだけだと考えていた石渡さんは、クラウドファンディングの結果が出た2013年3月の時点で〈Tailly〉製品化プロジェクトを一旦終了。しかし初めての挑戦で、特にアメリカのプラットフォームではそれぞれ200万円近く調達できた実績には手応えは感じており、「ここでクラウドファンディングを使った商品開発をやめるのはありえないなと思っていました。なにかしら一個でも成功させるまでは続けるつもりでした」と、すでに動き始めていた次のプロジェクトの設計に移る。それが〈Rapiro〉だった。

●資金調達というものづくり最大の壁

ここで〈Rapiro〉の特徴を簡単に説明しよう。冒頭に書いたとおり、ロボットを自作できるキットで、完成サイズは高さ257㎜×幅196㎜×奥行159㎜、重さ約1kgと小型のロボットだ。二頭身で見た目も可愛く、組み立てに必要なツールはドライバーのみで、説明書に従っていけばだれでも簡単に組み立てることができる。また、ロボット頭部に別売り（35ドル程度）のカードサイズのコンピュータ「Raspberry Pi[*4]（ラズベリーパイ）」を搭載することができるため、利用者側でさまざまなプログラムを組み込むことが可能となる。たとえば、インターネットに接続することでTwitterやFacebookメッセージの着信を知らせてくれたり、Googleカレンダーで一日のスケジュール管理や、今日の天気や占いを教えてもらうことも可能だ。利用者の発想次第で、種々の動作をするロボットをつくることができるのだ。

さらに特筆すべきは価格だ。現在販売されている4万5360円[*5]という価格は、従来のプラスチック外装のロボット組み立てキットが15万円以上、OSが搭載できる研究用2足歩行ロボットは30万円以上かかることを考えると、格段に安価である。

〈Tailly〉の時同様、安価な中国の工場で部品製造・組み立ても検討していた石渡さんだったが、企画を始めてすぐの段階で技術的な難易度が高いと判断。その場合必ず生じるであろう不良品修正を考慮すると、技術がある日本の工場でつくった方が結果的にコストを抑え良いものをつくることができると考えた。そこで声をかけたのが、もともとの知り合いであり、試作金型製造を得意とする株式会社ミヨシの杉山さん

〈Rapiro〉のパーツ、組み立ての様子（上、右下）と、頭部に「Raspberry Pi」を搭載したところ（左下）

である。

株式会社ミヨシは、主にプラスチック製品の試作品やアルミニウム合金を使った金型の製作などを得意とする1972年創業の町工場だ。杉山さんは二代目の社長となる。石渡さんから〈Rapiro〉を製品化したい、そのための金型製作資金はクラウドファンディングで集めようと考えている、と杉山さんは相談を受けたという。

杉山　クラウドファンディングのことは以前から知ってはいました。資金を集めるだけでなく、うまくいけばその後もファンになってくれる可能性がある手法だということもわかっていたので、関心もありました。〈Rapiro〉はロボット自体の設計はちゃんとしていたし、商品価格が安いのでプログラミング教材としてもロボット好きな若者に向けて息が長く売れていきそうだと感じましたが、やはり一番の心配は資金調達。そうしたら石渡さんはクラウドファンディングを利用しようと思っていると。目標額を達成できないリスクはどうするのかと聞いたら、達成できなかったら〈Rapiro〉は諦めます、と言われました。それならば、やりがいのあるプロジェクトだし、やるだけやって達成できなかったら諦めればいいか、ということで一緒にやることに決めました。自分の中ではクラウドファンディングがキーでしたね。

その後〈Rapiro〉試作のための複雑な3Dプリンター出力に耐えうる技術をもつ株式会社JMCと、〈Rapiro〉に搭載するArduino[*6]（アルドゥイーノ）互換基板の設計と製造のために株式会社スイッチサイエンスに協力を仰ぎ、4社の協業で〈Rapiro〉は開発されることになった。

●「2万ポンド」という目標額のもつ意味

開発体制が整ったところで、ついにクラウドファンディングである。利用するプラットフォームはアメリカのKickstarterで、目標金額は2万ポンド（約300万円）、支援者にはリターンとして229ポンド（約3万4000円）、そのなかでも真っ先に支援した50人には199ポンド（約3万円）で〈Rapiro〉を提供することにした。実はこの目標額、とても製造全体を賄える金額ではないという。「最初に〈Rapiro〉のパーツを全部見た時、1000万円以下で製造するのはかなり難しいなと思った」と杉山さんは話す。それでもあえて目標額を2万ポンドに設定したのは、「調達実績もないのに、いきなり1000万円目標というと敬遠されるのでは」「集まりそうだなと思える額に設定しよう」という判断からだ。

石渡　2万ポンド、つまり300万円程度で製品化できるわけがないのは、自分もわかっていました。各社には、目標額は300万円だけど1000万円集めるつもりです、と説明しました。もちろん、調達金額が300〜400万円で止まってしまったとしてもプロジェクトが成功したら開発は必須なので、そうなると特に杉山さん（株式会社ミヨシ）には大きな負担がかかってしまう話だったのですが、すぐに全額支払えないけれど金型つくってください、必ず金型代が払えるまで売ります、と言いました。Kickstarter内で1カ月間に300万円集まるということは、商品の買い手が一定程度いるという証です。きちんとつくって販売すれば、製造費を賄えるぐらいは売れるという自信がありました。

2万ポンドという目標額は、商品化のコストを全額賄うことはできなかったとしても、後の販売で補填できるぐらいの需要があるかどうかを図るラインとして設定されたことがわかる。

こうして目標額、リターンなどを決め、石渡さんが代表となってKickstarterにプロジェクト掲載の申請したのは5月中旬、杉山さんに相談をしてから2カ月後のことだった。

●受け手のメリットを考えながらのPR戦略

構想から、2013年6月20日の資金調達開始まで約3カ月。以前〈Tailly〉プロジェクトを立ち上げた実績があったため、Kickstarter内での事前審査[*7]での修正箇所も少なく、1週間ほどで通過した。石渡さんにとって二度目となるこの挑戦に、前回の経験を活かした戦略や準備というのはあったのだろうか。

石渡　今回戦略的に動いたとすれば、Raspberry PiでプログラミングをしているひとたちへのPRです。

〈Rapiro〉はRaspberry Piを組み込むことでプログラミングをカスタマイズできることが特徴だったので、事前に日本のRaspberry Piコミュニティを通じて「Raspberry Pi財団」[*8]に繋いでもらい、Raspberry Pi開発者のエベン・アプトンさんの推薦をもらうことができました。

「ロボットを自作したいという人たちに〈Rapiro〉という製品を知ってもらうことができれば、ロボットを動かす基板となるRaspberry Pi自体も人気がさらに増すはずですよね」と相手の話題づくりにもなることを伝えるように心がけた、と言う石渡さん。同様に、プロジェクト開始時に送るメディアへのリリースでも、相手にとってもメリットがあるよう、細心の注意を払っていたという。

石渡　まず、商品の宣伝をしてくださいといったらだめですよね（笑）。ネットメディアの収益源は広告です。彼らは、単なる宣伝だったらむしろ広告費をもらいたいという立場なので、たとえば私たちの記事が掲載されるなら、そこに付随する別の広告をクリックさせるぐらいの魅力的な話題を提供する必要がある、という気概で臨みました。だから、プレスリリースの文章も仮にそのまま転載しても使えるもの、魅力的な写真や動画を準備しました。

これらが功を奏し、冒頭のとおり調達開始2日目にして目標額を達成、同年8月19日の最終日には総勢

402人から目標額の約3・7倍となる約7万5099ポンド（約1141万円）の支援を獲得する。

●達成ムードを逆輸入！　日本の「Makuake」でのセカンドステージ

しかし〈Rapiro〉プロジェクトは、この成功だけでは終わらなかった。Kickstarterでのプロジェクトの終了直後となる2013年8月から日本のクラウドファンディング・サイト「Makuake（マクアケ）」でも追加の資金調達プロジェクトを実施する。Makuakeは株式会社サイバーエージェントの子会社（株式会社サイバーエージェント・クラウドファンディング）が同じく2013年8月に開始したサイトだ。〈Tailly〉のときは、手探り状態で日米両方のサイトの資金調達に挑戦した石渡さんだったが、今回はMakuake側からのオファーがきっかけだった。「Makuakeの第一弾プロジェクトとして日本でも〈Rapiro〉の資金調達をやらないか」というアプローチがあったのは、Kickstarterで資金調達が始まる1週間前のことだった。

石渡　Kickstarterは当然英語サイトなので、日本からの支援はハードルが高いことはわかっていました。〈Tailly〉をKickstarterで調達した時も英語だからわからないと言う人はいたので。だから、Kickstarter後に日本で第2弾の挑戦をするのは自分たちにとっても良いなと思いました。ただし、Kickstarterで失敗してMakuakeでリベンジという展開にはしたくなかったので、まずはKickstarterに全力かけるので、その後お願いします、と返答をしていました。

蓋を開けてみると早々に Kickstarter での目標額達成が確定したため、同年8月より、Makuake でも目標金額３００万円で資金調達がスタートした。Kickstarter での成功もあってＮＨＫなど複数のメディアで取り上げられたため、幅広い層の人たちから支援があったのだそうだ。高齢者の方から「孫にプレゼントしたいがどこで買えばよいかわからない」という手紙が届いたことさえあったという。こうして Makuake においても、調達期限となる同年10月末までに１４２人から５６６万９０００円を調達することに成功、Kickstarter での調達を含め、約１７０８万円の資金を集めることに成功した。

●製品開発の宿命。「納期」と「鮮度」という達成後の苦悩

今回のクラウドファンディング・プロジェクトの総支援者数は、日米のプラットフォーム合わせて５４３人。その内４４４人が〈Rapiro〉本体を支援のリターンに指定したという。つまり、クラウドファンディングプロジェクトを〈Rapiro〉

Makuake での２回目の挑戦（出典：Makuake　https://www.makuake.com/project/rapiro/）

の事前予約の場と考えると、「444台の事前予約が入った」ということ。この数字について石渡さんは「量産の単位としては1000台という数字が一つ大きな区切りですが、そのうち事前予約で半分ぐらいが売れていることになるのでうまくいったと言っていいと思います」と語る。実際、2014年2月から発売約2年ですでに約2000台が出荷され、金型代もすべて補填されたという。

とはいえ、「少なくとも何かプロダクトをつくる場合は、クラウドファンディングが終わった後の方が大変」と石渡さん、杉山さんともに口を揃える。まず第一に、通常の商品開発と違い、先に販売時期を公言して「事前予約代金」を受け取ってしまうことで起こるプレッシャーだ。

石渡　たとえば、SONYやAppleが製品を発表してそれが予定発売時期より遅れても怒る人はそれほどいない。なぜなら、お金を払ってないからです。でも、お金を払っちゃうとその時に言われたリターン送付予定時期は「納期」になるんです。でも、往々にして製造というのは遅れます。しかも今回は目標額の3倍以上集めて、当初の予定より3倍の〈Rapiro〉を製造することになったのですが、そうなった場合、本来ならばつくるのに3倍の時間がかかってもおかしくないんです。でも、支援をしてくださった方は当然最初に言われたリターン送付予定時期に来るものだと考えている。なので、製造段階に入ってからの方が大変でしたね。

ならば余裕をもったスケジュールを組み、リターン送付を遅い時期に設定すればいいかというと、そういうわけでもない。なぜならば、「アイディアを盗まれる」リスクもあるからだ。クラウドファンディングを実施する際、資金を調達する側はどのような製品をつくるつもりなのか、進行状況はどうなのか、という情報を公開する。開発・製造に長期間を設定していると、それらの情報を元に類似したアイデアの製品がほかから出てしまう可能性もあるのだ。なので〈Rapiro〉は、〝プロだったらできるけれど、そうでない人がチャレンジしようとすると非現実な納期〟として、約半年で製造を完成、支援者のもとへ送るという期限を設定していた。

ギリギリのスケジュールのなか、製造以外にもやらなければいけないことは山積みだ。特に今回はリターンに〈Rapiro〉を希望した444人中、約200人が日本国外在住者と海外発送も多く、世界中からの問い合わせなどに対応しなければならない。クラウドファンディング終了後から定期的にメールなどで状況を聞いてくる人、発送予定日が近づくとまだかまだかと問い合わせてくる人もいた。完成後は関税手続き、製品が届かないというクレーム、かたや受取を拒否されて返品対応……また、製造面でも「製品が発送され、支援者の手元に届いた時に初めてわかる改良すべき

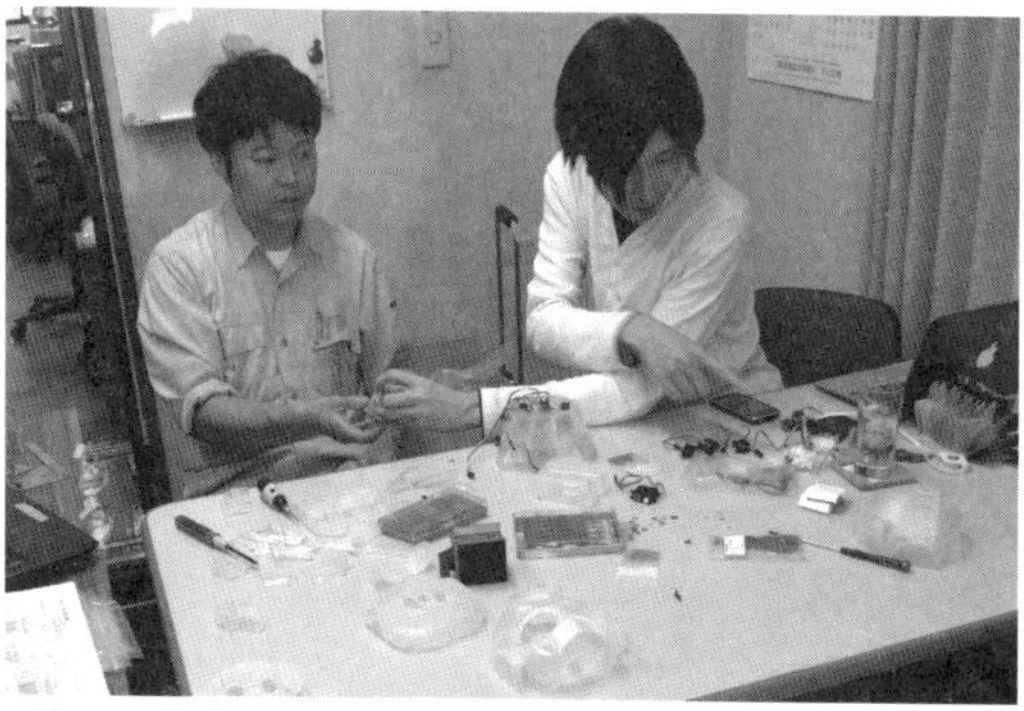

石渡さんと金型設計担当者との製品形状についての打ち合わせ風景

点」というのが多く、欠損のない配送や作業効率アップのための細かい変更が必要となり、その数は数え切れないほどだったと杉山さんは語っている。

●〝本当に世に出したいもの〟がある人に使ってほしい

このように、実績だけ見ると日米で華々しく成功したクラウドファンディング事例である〈Rapiro〉プロジェクトも、話を聞くと準備から調達、そして製品開発して販売に至るまではとても一筋縄では行かなったことがわかった。

石渡　クラウドファンディングは、自信がない人は止めた方がいいと思います。「絶対これはやらなきゃ」と思ってる人じゃないととても大変なので。また、資金調達中もその後でも製品化を成功させるプロセスでは、最初予定していないお金もどんどんかかっていきます。たとえば、メディアが取材したいから実物が見たいって言われたら、何十万かけてもつくって送るべきです。デモしに来てくださいって言われたらお金かけてでも行くべきです。リスクを背負ってもらっている協力者がいる場合、こちらも全力で成功させなくちゃいけない。お金ないから、時間ないから無理です、とは言えない。新しいことをやるってすごい大変なことなので、まず自分が自信をもって踏み出せないと、そもそも支援者に届かないじゃないですか。そうしないと、途中で苦しくなると思います。

杉山　クラウドファンディングって、お金が手に入る手段という感覚でやってしまうと、後がとても大変だと思います。本当にこういうものをつくって世に出したいんだっていう強い信念がないと、少なくともハードウェア製作に関しては、スペックの弱いものができてしまうし、途中で頓挫《とんざ》してしまう。今回は共同製作という立場でやらせていただいて本当に勉強になりました。ミヨシは通常、受注生産が多く、自社製品もほとんどないので。製品を直接届けるプロセスには発見がいろいろとありました。「とりあえずお金を集めたい」じゃなくて、最終的なものづくりとしてのゴールやビジョンを、支援者の方たちと共有しながら、きちんと準備できたのが良かった。それが Kickstarter でのよいスタートに繋がっていると思います。もちろん人によっていろいろな使い方はあっていいと思います。でも本当に世の中にものを送り出したい、って人に使ってもらえれば一番嬉しいですね。

最後に、石渡さんに「クラウドファンディングをやってみてよかったことはありますか」と尋ねると、「〈Rapiro〉が生まれました。〈Rapiro〉が製品になり、実際に今販売されていることです」と笑顔で即答してもらった。そして、すでに再びクラウドファンディングで新しい製品を世の中に生み出す構想は頭の中にあるらしい。石渡さんのアイデアがまた杉山さんや多くの技術をもつ人々を通じて発表される日も、そう遠いことではないかもしれない。

〈注〉

＊1 http://techwave.jp/archives/rapiro_success_on_kickstarte.html

＊2 Kickstarter は２０１３年当時、アメリカかイギリスの銀行口座をもっていないとプロジェクトを立ち上げることができなかったため、もともと設立されていた機楽株式会社のイギリス法人である Kiluck UK が法律上の資金調達主体となっている。そのため調達額の単位がポンドとなっている。

＊3 Indiegogo のみ、オール・オア・ナッシング方式以外に目標額を達成しない場合でもそこまで調達できた資金を受け取ることができるモデルを選ぶことができるが（その代わり、オール・オア・ナッシング方式よりプラットフォームが受け取る手数料が高くなる）、石渡さんはオール・オア・ナッシング方式を選択していた。

＊4 必要最小限のシステムを搭載した超小型コンピュータ。もともとはイギリスで教育用に開発された。現在では Google が主催する10代のプログラミング教育ワークショップなどにも活用されている。

＊5 クラウドファンディングでの支援者は3万８０００円。

＊6 初心者でも容易に組み立てることができることが可能なマイコンボードのこと。

＊7 ほとんどのクラウドファンディング・サイトではプロジェクトを掲載する前に各社が設けるガイドラインに沿っているかを確認するがあり、約25％のプロジェクトがなんらかの理由で掲載拒否される。

＊8 Raspberry Pi の開発・普及をしている団体。

- category スポーツ

- episode

バドミントン世界ツアーに挑戦したい

日本初のプロ選手を支えた143人のサポーター

- project

名称	プロバドミントン選手「池田信太郎」が BWF 世界ツアー2014シリーズへ挑戦！
手段	Sportie FUND（GREEN FUNDING by T-SITE）
分野	スポーツ
調達期間	63日間
調達金額	251万5500円
目標金額	50万円
支援者数	131人

- interview

池田信太郎さん

元プロバドミントン選手

（いけだ・しんたろう）1980年生まれ。5歳でバドミントンを始め、2007年の世界選手権で日本人男子初のメダルを獲得。北京（2008）、ロンドン（2012）と2大会連続でオリンピック出場。2015年9月の現役引退後は株式会社エボラブルアジアに所属し、BWFアスリートコミッションメンバー、日本リーグアンバサダー、北九州市スポーツ大使などを務める。

- text　山本純子

「オリンピック選手にとっての最大のイノベーションは『クラウドファンディング』かもしれない」（How Olympic Innovation Can Help You Rethink Your Business より）[1]。リレハンメルオリンピック銀メダリスト、ジョン・コイルさんの言葉だ。

近年、政府や公的機関、企業からの援助縮小により、スポーツ選手を取り巻く経済状況は厳しくなっている。国を代表するアスリートたちも例外ではなく、オリンピック出場の権利を獲得しても、渡航や滞在費を含むさまざまな費用の捻出に苦労する選手は後を絶たない。そこで注目されているのがクラウドファンディングだ。２０１４年２月に開催されたソチオリンピックでは、政府の援助がなく窮地に立たされたボブスレーのジャマイカ代表チームがクラウドファンディングを活用して約13万ドルの支援を獲得した[2]ことを筆頭に、アスリート専用のクラウドファンディング・サイト「rally me」だけでも、27人のオリンピック選手、８つの代表チームが資金を調達したとされている[3]。

日本でも、２０１３年にスポーツに特化したクラウドファンディング・サイト「Sportie FUND」（運営：株式会社スポーツＩＴソリューション）」が登場、スポーツ分野でのクラウドファンディング活用が広がりを見せている。今回は、いち早くSportie FUNDを利用して海外ツアー参戦の資金調達をしたプロ バドミントン選手・池田信太郎さんに話を伺った。

ヨネックスオープンジャパン 2015 での池田信太郎さん

●日本初のプロ選手として活動することの難しさ

池田　私がプロに転向するまで、日本のバドミントン選手は企業の実業団に所属するのが一般的で、「プロ選手」は存在しませんでした。ですがオリンピックに出て、世界にはプロとして頑張っている選手がたくさんいることを知りました。実業団にいるから恵まれている、という部分はたくさんありますが、同時にいろいろなしがらみも生まれます。一方、プロになると良くも悪くも自分の環境を自分で整えることになり、練習環境はもちろん、どこのツアーに出るかも自分で決められる。今多くのプロ選手が活躍するサッカーやテニスのように、日本のバドミントンの世界でプロの道をつくる役割を、自分が担えたらいいなあと思っていました。

北京（2008年）、ロンドン（2012年）と二度のオリンピック出場、世界選手権（2007年）での男子ダブルス日本初のメダル獲得、全英オープン（2008年）では日本男子21年ぶり3位入賞……日本のバドミントン界を代表するアスリートの一人であると同時に、日本初のプロバドミントン選手でもある池田さん。2009年、所属していた日本ユニシス株式会社の契約形態を正社員からプロフェッショナル社員に変更、2013年3月末には同社を退社しフリーランスへ転向した。そんな池田さんが、プロのプレーヤーとしてBWF世界ツアー[*4]参加のために2013年11月に挑戦したのが、海外遠征費調達のためのクラウドファンディングだ。〝プロ選手の世界ツアー〟と一言で言っても、そもそも日本のバドミントン界初のプロという肩書きによる挑戦は、決して順風満帆ではなかった。

フリーランス転向後、池田さんは世界で最もレベルが高いとされるデンマークのプロリーグに入ることを目指していたが、最終的に交渉がまとまらず断念。デンマーク以外の国でプレーできる環境を探したが現実は厳しく、〝引退〟の言葉が頭をよぎったこともあったという。それでもやはり、世界を舞台にプレーしたいという気持ちを捨てることができずにいた時に訪れたのが、以前日本リーグでペアを組んだこともあるインドネシアのアルベン・ユリアント・チャンドラ選手からの「ダブルスを組まないか」というオファーである。「彼はとても尊敬できる選手だったので、チャンドラとペアを組み、海外ツアーに挑戦しようという決断に迷いはありませんでした」。

しかし今度は、資金調達というプロ選手としての新たな壁が待ち受けていた。実業団に所属していた時と違い、プロ選手はコーチやトレーナーとの契約、練習環境から試合のエントリー、移動手段の確保まですべて自分で行うことはもちろん、年間約３０００万円はかかるという海外ツアー費用も自己負担しなければならない。通常、日本のアスリートたちはこの費用を賄うために企業にスポンサーとなってもらう。そのため、マネジメント会社にスポンサー探しを頼んだりＪＯＣ（公益財団法人日本オリンピック協会）のサポート活動[*5]を利用したりするのが一般的なのだが、バドミントンに関しては池田さんが初のプロであったため前例がなく、なかなかスポンサー獲得ができない厳しい現実があった（２０１４年２月現在）。

●〝アスリートが考えていること〟を伝える手段として

そのような時に知り合いから、アスリートのためのクラウドファンディング・サイト、Sportie FUNDの存在を教えてもらう。しかし初めて話を聞いた時は、むしろネガティブなイメージをもっていたという。

池田　プロになってもスポンサーはなかなかつかず、金銭的にはずっと苦しい状況でした。でもオリンピックを二回経験した自分が今こういう状況だとは、あまり知られたくなかった。クラウドファンディングで世間にわざわざ知らしめるのは、それこそ自分の価値を落とすことだと考えていました。

しかし、〝資金難ゆえにアスリートが引退する〟現状をクラウドファンディングで解決したいというSportie FUNDの運営者から話を聞くうちに、池田さんの関心は高まっていく。単に〝お金を集める手段〟ではなく、〝自分の考えを伝え、賛同者とともに目標に向かう仕組み〟だと気づいたからだ。

池田　今まで、自分が思っていることを直接伝えられる機会は少なかったんです。もちろん取材で言葉を伝えることはあったけど、そこで自分の伝えたいことを100％書いてもらえるわけではないですよね。それがクラウドファンディングの仕組みを知るほどに、これは今の自分が伝えたいバドミントンという競技のこと、そして私自身が何を目指し、どんな思いでいるのかを、多くの人に知ってもらうチャンスだなと思ったんです。だから挑戦してみたいと考えるようになりました。

●〝Team IKEDA〟の一員になってほしいというメッセージ

池田さんが「クラウドファンディングでBWF世界ツアー2014シリーズに参加するための海外遠征費の一部を調達する」と決めたのが2013年11月に入ってすぐのこと。

池田　ここで出資してくださる方々は私の一番のサポーターであり、そのことは大切にしたいと思った。だからこそ、資金調達にご協力くださいと言って終わりではなくて、私自身も彼らと一緒に海外遠征を頑張りたいという気持ちを込め、プロジェクトを組み立てていきました。

プロジェクトの準備は急ピッチで進められた。以前からブログや Twitter を利用し自ら発信することに意識的だった池田さんは、準備段階から運営チームの中心となって動く。遠征中でも意見を交わせるようにと Facebook 上に関係者のグループページをつくり、日夜そこで案を出しあった。この挑戦での鍵となる〝Team IKEDA〟というコンセプトはそこで生まれる。プロジェクトページには次のように書かれた。

〝Team　IKEDA〟のメンバーを募集します！　僕の挑戦をサポートしたい！と思って下さった方は、是非〝Team IKEDA〟のメンバーになって頂きサポートをして頂けると幸いです。〝Team IKEDA〟は「池田信太郎の挑戦をサポートしたい！」と応援して下さる方々にご支援を頂いて、その金額に応じたお返し（リターン）をすることで池田信太郎の活動を支えて頂く仕組みです。（Sportie FUNDプロジェクトページより）＊6

●バドミントンを〝かっこいいスポーツ〟に！「SHINTARO IKEDAアカデミー（仮）」の設立

それだけではなかった。池田さんはこの時、今までずっと心の中で温めていた企画もプロジェクト上で発表することを決める。それが「SHINTARO IKEDAアカデミー（仮）」だ。

池田　今、バドミントンの世界にはアカデミーがありません。年に5〜6回程度、子どもたちを対象にした講習会にコーチとして呼んでいただく機会はありますが、自分が主催しているわけではないので思いどおりの環境や条件でできるわけではない。現役選手のうちからもっと多くの人たちにバドミントンの魅力を発信して、バドミントンのイメージを改革していきたい、〝かっこいいスポーツ〟だと思ってもらいたいというのも、私の目標の一つでした。なので、自分の今までのノウハウが詰まった独自の練習メニューや指導方法を確立して講習会を実施したり、自分が選手として海外で経験したことを直接いろいろな人たちに伝えていければと考えています。

「SHINTARO IKEDA アカデミー（仮）」は発表だけにとどまらず、支援者へのリターン（5000円、8000円、1万3000円支援者対象）として本アカデミーのプレイベント[*7]となるバドミントンレッスン及び食事会への参加券が提供されることとなった。

ＢＭＦ世界ツアーの日程は決まっているため、資金調達は早ければ早いほどよい。なので、わずか2週間という短期間でこうしたコンセプトや目標金額（50万円）の設定や、1000円から50万円まで16種類にわたるきめ細やかなリターンを用意した。そうして、クラウドファンディングに挑戦しようという決意から2週間も経たない11月14日、資金調達プロジェクトはスタートする。

●選手を直接応援できる場を求めていたファンの存在

思い切りよく決断、プロジェクト開始に至ったようだが、もちろん不安は大きかったという。目標金額を50万円と控えめに設定したのも、どれだけの人が賛同してくれるか予想がつかず「達成できないことが一番良くない」としたためだ。しかし、その不安は杞憂に終わる。開始直後から支援は順調に集まり、4日で目標額50万円を達成したのだ。当時 Sportie FUND はまだ始まったばかりで実績も少なく、かつ、野球やサッカーに比べると決して〝メジャー〟なスポーツとはいえないバドミントンがなぜ最初から注目と支援を集めることができたのか。池田さんは「熱心なファンのおかげ」と語る。

Sportie FUND

プロバドミントン選手「池田信太郎」が BWF世界ツアー2014シリーズへ挑戦！

池田信太郎 ★ スポーツ

ホーム　活動報告　コメント

Like 2.8K　Tweet　埋め込む

<追記>
目標額の500,000円をプロジェクト開始日からわずか4日で達成する事が出来ました。皆様の多大なるご支援、本当にありがとうございました！

『BWF世界ツアー2014』を回る遠征費の一部として使用させて頂きます。このプロジェクトの達成額は到達しましたが、コーチやトレーナーも同行させる帯同費、またトレーニングキャンプを実施するなど、充実したツアーを回るためにはまだまだ自己負担分の金額はかなり大きく、是非皆様に引き続きご支援をして頂ければと考えております。引き続き1/15まで、より多くの皆様からのご支援を期待しております。どうか、よろしくお願いいたします。

こんにちは、プロバドミントン選手の池田信太郎です。約10年間在籍していた日本ユニシスを今年3月に退社し、日本人としては初めてのプロ選手として次のステップに進みます。

YONEX OPEN JAPAN 2012　記者会見

海外の選手とペアを組み、海外ツアーを転戦するという挑戦

僕は今、インドネシアのAlvent Yuriant Candra（アルベン・ユリアント・チャンドラ）とい

現在の支援総額

¥ 2,515,500

目標金額 ¥500,000

支援人数　残り

131 人　終了

このプロジェクトは終了しました

このプロジェクトは 2014/01/15 09:00 に終了しました。

池田信太郎

■生年月日：1980年12月27日（32）■出身：福岡県遠賀郡岡垣町 ■出身大学：筑波大学 ■ …

プロフィールを見る

質問やメッセージを送る

¥1,000

・池田信太郎からお礼のメッセージ
・Team IKEDA officialステッカー

4 人が支援

¥3,000

・池田信太郎からのお礼のメッセージ
・Team IKEDA officialステッカー
・池田信太郎サイン入り色紙

12 人が支援

¥4,500

・池田信太郎からのお礼のメッセージ
・Team IKEDA officialステッカー
・Team IKEDA オリジナルTシャツ

61 人が支援

¥5,000

・池田信太郎からのお礼のメッセージ
・Team IKEDA officialステッカー
・Team IKEDAアカデミープレイベント（バドミントンレッスン）の後に実施する食事会への参加券

プロジェクトページ（出典：Sportie FUND　https://cf.sportie.jp/sportie/projects/646-bwf-2014）

池田 ファンの方々は、今までも、私がバドミントンの世界で初めてプロに転向する道を選んだりフリーランスになったりと、新しいことに挑戦してきたことをよく知っているのですね。そういうところを評価して応援してくれていた皆さんなので、今回もすぐにアクションしてくれたのだと思います。支援してくれた人たちからは、資金だけでなく「こういう形で応援できてすごく嬉しい」「次もこういったプロジェクトをするなら参加したい」というコメントもたくさん寄せられました。クラウドファンディングをやって改めて、自分を応援してくれる人がたくさんいることに気づかされました。

スポーツ選手を応援したいと思っても、試合を観戦して一方的に声援を送る以外の方法はなかなか見つけられない。その点クラウドファンディングは選手をダイレクトに応援できるうえ、双方向のやりとりとしてリターンという形にも残る〝モノ〟がある。ファンの人にとっても満足度の高い取り組みだったのだ。

●沈みやすい中盤も積み重ねた地道なアレンジ

もちろん、プロジェクト期間中ずっと好調だったわけではない。目標額の50万円はなんなく達成したものの、一つでも多くのツアーに参加して実績をつくりたい池田さんとしてはまだまだ資金が必要だった。

池田さんはプロジェクトページで達成の感謝を伝えたうえで、遠征にはもっと資金が必要であることを訴え、さらなる支援をお願いする。しかし迎えた中盤は、ぱったり支援が止んでしまう。当時のことを振り返り池田さんは、「4日で50万円が集まった開始時とのギャップにショックを受けましたね。全然伸びないFacebookでのリーチ数を見てはため息をついていました」と語る。落ち込んでばかりもいられず実行したのが、リターンの調整と地道なPR。数を限定して提供された池田さんサイン入りラケットを含むリターン（3万円）や、実際にシーズン中に使用したラケット&バッグ、ユニフォーム&シューズなどを含むリターン（10万円）はすぐに予定数まで達したため、新たにサイン入りラケットとサイン入り額装ユニフォーム（写真付き）を含む別のリターン（8万円）を準備した。PRは主に池田さんのブログやtwitter、Facebookページを通じてだが、何度も「支援してください」とだけ言うのも良くないと考え、期間中に2度あった海外遠征試合の結果報告を兼ねるなど、工夫してプロジェクトの紹介を投稿した。

この不安な時期もやはりファンや友人・知人といった直接顔の見えるネットワークの存在が力になった。彼らが積極的に池田さんのブログやツイートをSNSで共有して広めたことで支援がまた増え始めたのは調達期限3日前のこと。その後は勢いが増し、最終日にはリターン最高額となる50万円（池田さんを講師として呼べる権利など）にも支援が入り、約60日間のチャレンジで251万5500円の調達結果となった（2014年1月15日）。ファンや知人の拡散が、池田さんが知らない人々からの終盤の支援に繋がったのだ。

●クラウドファンディングを利用してよかった3つのポイント

クラウドファンディングを知ってから、わずか数週間で調達にチャレンジ、見事目標の5倍を超える資金調達に成功した池田さん。クラウドファンディングを利用して良かったという三つのポイントを挙げる。まずはなにより「池田信太郎という個人を応援してくれている人は確実にいて、彼らにサポートしてもらっているというのを実感できること」。二つ目は「資金調達のスピードが速い」という点だ。

池田　今回2カ月で250万円を調達したわけですが、2カ月で同額のスポンサーを見つけるのはなかなか難しいんですよ。さらに企業や講演にまわって訴えて、というと選手活動も休まなくてはならないんです。でもクラウドファンディングなら支援者の方とのやりとりやプロジェクトのPRはネット上でできるので、選手として世界中で活動しながら資金調達が可能です。もちろん簡単に集まるわけではないですが、活動を休むことなくスピーディに取り組めるメリットは大きいなと思いました。

そしてクラウドファンディングを利用してよかった点三つ目。それは、クラウドファンディングへの挑戦で自身のやりたいこと、今後向かう道についてじっくりと考えることができたことだと池田さんは語る。

池田　アカデミーは以前からやりたかったのですが、なかなか踏み出せなかった。でも、今回クラウドファンディングをしたことで、本当に自分のやりたいことがなんなのか、本気で考えたんですよね。それがアカデミーの立ち上げだったんです。リターンにもアカデミーのプレイベント参加券を組み込んじゃったからやらざるをえなくなりました（笑）。でも結果的には、とてもいいきっかけでした。

●スポーツ選手が自ら発信していく時代のツール

このプロジェクトで集まった資金はすべて海外への遠征費（飛行機代、宿泊代）として使われた。とはいえ年間約3000万円かかる遠征費のごく一部だ。今回の手ごたえがあるなら、より高額でのチャレンジを考えているか、という問いに対して、池田さんはすぐに「遠征費用調達のために再度クラウドファンディングを利用する気はない」と答えた。プロの選手として、きちんとスポンサーを獲得できるよう頑張りたいと、クラウドファンディングを使いこなすスポーツ選手としての姿勢を示してくれた池田さん。「選手活動ではなく、バドミントンのイベント企画などではまた利用してみたい」と話す池田さんのことだから、さらなる可能性を追求してくれそうだ。

池田　クラウドファンディングを始めた時、いろいろな人から「何あれ？」と言われました（笑）。でも、オリンピック選手だろうがそうでない選手であろうが、スポーツ選手が自分の思いを直接届けることができ、選手活動をしやすい環境を自らつくりだすのは良いことだし、その意志がある人は挑戦すればいい。今回の挑戦は、そのハードルを下げる意味もありました。

皆、やりたいことってたくさんあると思うんですけど、ひとりではなかなか実現できない。企業に提案しようといってもハードルは高い。でもクラウドファンディングは、今回もわずか2週間という準備期間で取り組んだようにスピーディに実現できる利点があるし、長い目で見ても企業からの支援を受けるための大きな発信源になります。そういうあらゆる可能性を、クラウドファンディングは秘めています。なので、意志があるスポーツ選手であればどんどん活用していくといいなと思いますね。

２０１５年９月に現役を引退し、現在は子どもを対象にバドミントン競技を通して世界で戦える人材を育てるアカデミー設立に奮闘している池田さん。今回、池田さんの取材を通じて感じたのは、プロのスポーツ選手として活動することの大変さだ。日本も２０２０年の東京オリンピック開催を控え、スポーツ分野におけるクラウドファンディングやオンライン寄付の役割はますます注目を集めていくだろう。いち早く挑戦し、また挑戦し続ける彼の姿を見て勇気をもつ選手、団体もこれからさらに増えていくに違いない。

〈注〉

＊1 http://www.forbes.com/sites/mikemaddock/2014/02/12/the-greatest-innovation-in-u-s-olympic-history-will-surprise-you-and-could-get-you-to-rethink-your-business/

＊2 Help the Jamaican Bobsled team get to Sochi!　https://www.tilt.com/tilts/help-the-jamaican-bobsled-team-get-to-sochi/description

＊3 Crowdfunding helps send 35 U.S. athletes to Sochi　http://www.banklesstimes.com/2014/02/10/crowdfunding-helps-send-35-u-s-athletes-to-sochi/

＊4 ＢＷＦ（Badminton World Federation：世界バドミントン連盟）が主催する世界ツアー。

＊5 推薦する選手と企業を繋ぐ「アスナビ」など。　http://www.joc.or.jp/about/athnavi/

＊6 https://cf.sportie.jp/sportie/projects/646

＊7 ２０１４年5月25日「バドミントン・アクション・ニッポン」という名称で実施。

- category 建築・不動産

- episode

みんなで使える
オフィスと図書室をつくろう！

支援者が仲間になるシェアの場づくり

- project

名称	クリエイターのための Coworking Space【co-ba】を渋谷につくる！『co-ba』プロジェクト	渋谷に自分たちの『図書館』をつくる、co-ba library プロジェクト
手段	CAMPFIRE	
分野	リノベーション	
調達期間	30 日間	30 日間
調達金額	74 万 8500 円	198 万 9500 円
目標金額	30 万円	100 万円
支援者数	138 人	143 人

- interview

中村真広さん
株式会社ツクルバ代表取締役 CCO
（なかむら・まさひろ）1984 年生まれ。東京工業大学大学院建築学専攻修了。不動産デベロッパー、展示デザイン会社を経て、2011 年、実空間と情報空間を横断した場づくりを実践する、場の発明カンパニー「株式会社ツクルバ」を共同創業。建築・不動産・テクノロジーを掛け合わせた事業を展開している。

- text　山本純子・佐々木周作

現在5年目を迎える株式会社ツクルバ（以下、ツクルバ）は、会社を設立した当初から、クラウドファンディングを使って場づくりの資金調達をしてきた。

中村　クラウドファンディングってシンボリックな合意形成だと思います。ある目的を実現させるために皆がお金を出すというとても直接的な行為。建築のようなハコモノを、未来の利用者候補とコミュニケーションしながらつくるには、とても相性がいいんです。関係者による参加型の社会構築、それがツクルバのやりたいことです。

そう話してくれたのは、ツクルバ共同代表の中村真広さんだ。ツクルバは職・食・住の様々な領域で、実空間と情報空間を横断した場づくりを行っている会社だ。事業のコンセプトメイキングや企画から、設計・デザイン、運営・管理を一貫して行い、「上流から下流まで一貫して関わることによって愛情が途切れない場づくりをしたい」という中村さん。

●オフラインで人が集まる場所を

ツクルバの事業は主に四つ。まず、パーティクリエイション・サービス〈hacocoro〔ハココロ〕〉[*1]。スペース、フード、プランニングという、三つの要素をコーディネートし、記憶に残るパーティを提案する事業だ。二つ目は〈co-ba[*2]（コーバ）〉といって、ツクルバが各地のパートナーと全国展開を進めている会員制のコワーキングスペース[*3]事業。三つ目は〈cowcamo（カウカモ）〉。東京の中古リノベーション住宅を取材・紹介し、一点ものの住まいに共感を生み出し流通を促進する、不動産のオンラインマーケット事業だ。そして、空間プロデュース・デザインを専門に行う〈tsukuruba design（ツクルバ・デザイン）〉。

そのなかで、ツクルバの名を世に知らしめたのが〈co-ba〉プロジェクトだ。オンラインならいつでも人と繋がれる時代に、〝オフラインでリアルに人が集まる場とコミュニティ〟をプロデュースすることを目的としたこの事業。現在は全国展開に力を入れている。全国展開といっても単にコピー＆ペーストをするだけでなく、地域の特性や運営者の性格に合わせて最適化する。都心の赤坂では士業やコンサルタントたちの拠点として、マンションの大家さんが運営する大塚では集合住宅の共用部分に住民たちとエリアのキーマンを繋ぐコミュニティハブとして、ベッドタウンの調布では、地元を中心に活動する幅広い年代の方々が仕事を通じて交流ができる場として。規模はいずれも20～30坪で、大きすぎず小さすぎず、顔が見える程度の距離感がちょうどいい。利用者の年齢層は20～60代と幅広く、イノベーティブな若者はもちろんのこと、シニアの第二の居場所などとしても活用されているのだとか。

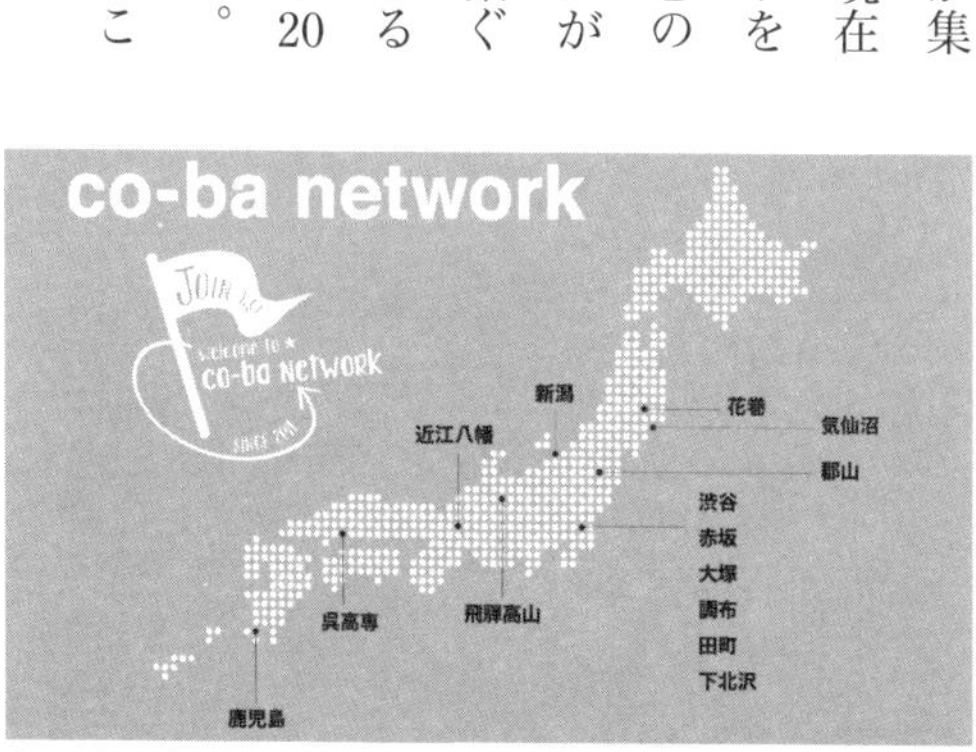

〈co-ba〉の全国ネットワーク

●クラウドファンディングを〝悔しいけど使ってみたい〟

東京工業大学の建築学科を卒業後、建築設計の道を選ばず、不動産デベロッパーに入社した中村さん。建築設計の道に進まなかったのは、建築がつくられるための枠組みのデザインに興味があったからだという。その会社でのちにツクルバ共同代表となる村上浩輝さんと出会い、意気投合した二人が「場の発明を通じて欲しい未来をつくる」とのコンセプトでツクルバとして独立・起業したのは2011年8月のこと。そのわずか2カ月前の2011年6月に、当時国内ではまだ珍しかったクラウドファンディング・サイトCAMPFIREが立ち上がっている。

中村　起業前、自分たちのビジネスモデルに頭を捻っていたときに現れたのがCAMPFIREでした。建築の躯体をつくるハードウェアとしての「空間づくり」だけではなく、建物が完成した後も持続する〝愛着のある場づくり〟のための、建物の維持管理、利用者や運営の仕組みなど、ソフトの部分を含めた「枠組みづくり」をしたいと思っていました。だから、彼らの考えたシンボリックな合意形成、つまり小さな個人が力を合わせて一つの目標を実現させるというサービスを知った時はやられた！と思いました。だれもが自分事として取り組むことができる新しい協働の形を見て、ぼくらがやりたいのはこんなことだったのかもしれない、先を越された！と落胆したのです。でも、やっぱり魅力的な仕組みだったので、気持ちを切り替えて、ぜひ利用したいとすぐにコンタクトを取りました。

●１回目のプロジェクト

ベンチャー仲間の知人を介して当時 CAMPFIRE の代表を務めていた石田光平さんと知り合い、中村さんと村上さんはすぐさまプロジェクト立ち上げに取り掛かる。中村さんたちは初めから、資金調達に成功することだけを目的とはしていなかった。〈co-ba shibuya〉の初期会員を獲得する宣伝広告のための媒体として CAMPFIRE に目を付けたのだ。今でこそ日本中で増えるコワーキングスペースだが、２０１１年当時はその概念自体が世間に認知されていなかったため、果たしてどこに広告を打ったらうまく波及するのかわからず試行錯誤していたという。

中村　当時は Twitter や Facebook といったＳＮＳがようやく多くのユーザーに浸透し一般化したタイミングで、我々も起業したばかり。ツクルバという会社や〈co-ba〉という場所をだれも知りませんでした。でも、当時の CAMPFIRE は、創立者である家入一真[*4]さんの周りにネットリテラシーの高そうな人たちが集まっていました。そこにうまくぶつけることができれば、バイラル効果（口コミにより商品の告知や顧客の獲得につながる情報が拡散されること）を生むことができると確信していたんです。仮にまったくお金が集まらなくても、告知のための投資だ！という思いで臨みました。

そうして開始した、「クリエイターのための Coworking Space【co-ba】を渋谷につくる！『co-ba』プロジェクト」。目標金額は30万円。草創期のCAMPFIREのスタッフたちもプロモーションや実利的なリターンのアイデアをかなり手厚くサポートしてくれたという。当時、機運が高まっていたクラウドファンディングのムーブメントと同時期に生まれたベンチャー企業として、ともに成長していこうという同志ともいえる存在。だからこそ、試行錯誤のなかでお互いに助け合い、お互いを盛り立てようというモチベーションがあったことがわかる。そんな入念な準備の甲斐あって、２０１１年10月７日にプロジェクトを開始してから、わずか3日で目標金額に到達。プロダクトやクリエイター支援、被災地支援が主だった初期のクラウドファンディングプロジェクトで、空間づくりでクラウドファンディングを使った初の事例は手探りの取り組みだったが、予想を上回るスピードで、結果として１３８人がパトロンになり75万１０００円を調達、２５０％の達成率だった。

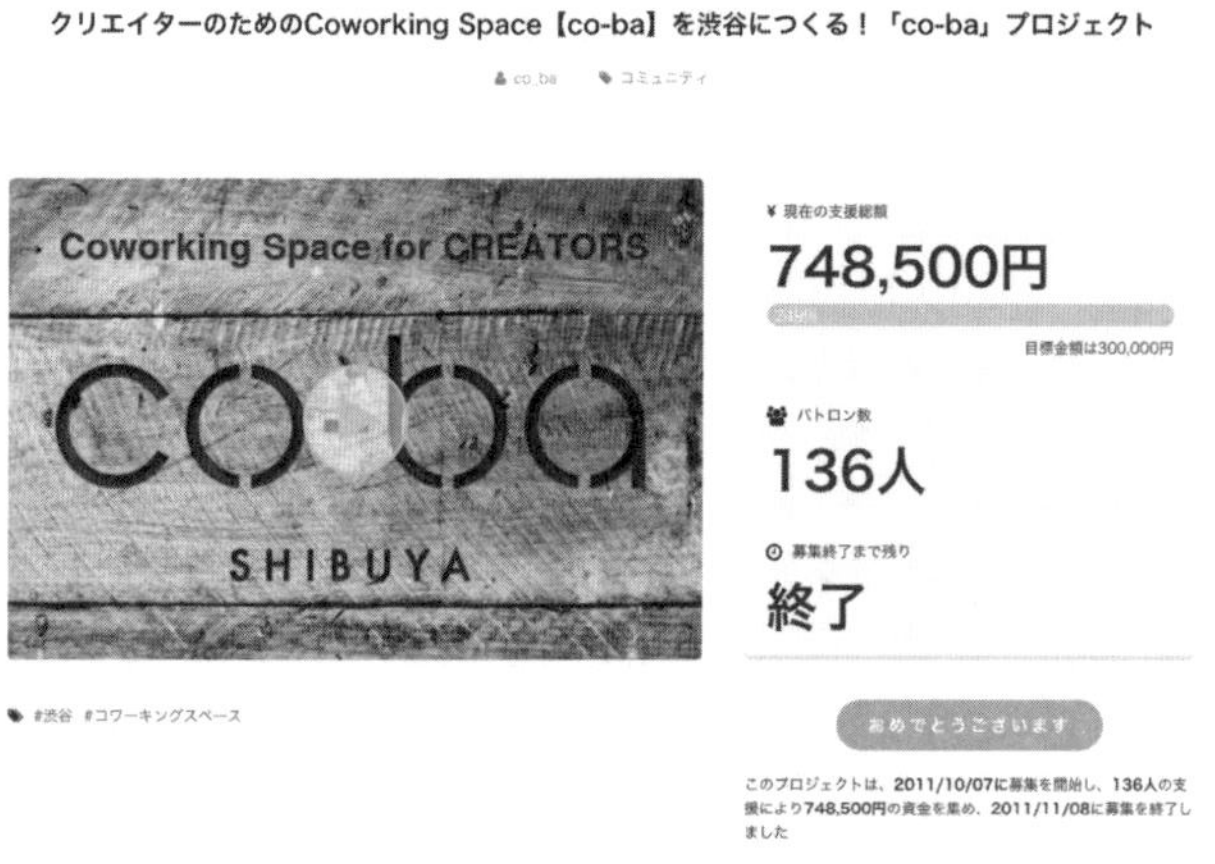

1回目のプロジェクトページ（出典：CAMPFIRE　http://camp-fire.jp/projects/view/92）

●オピニオンリーダーの存在と、投げ銭感覚

開始当初はもう少し苦戦するだろうと予想していたというが、とんとん拍子に成功を収めた初回の挑戦。とはいえ、裏テーマであった〝初期会員獲得〟という目的には思わぬ落とし穴があったという。130人の支援者のうち「co-ba 会員になりたい」という入会希望者は、わずか10人程度と一割にも満たなかったのだ。お金を出すところで満足してしまう支援者に焦りを覚えた中村さんたち。しかしここで入念に練ったリターンの戦略が功を奏す。「1カ月お試し利用券」だ。後々わかったのは、このお試し券を目当ての支援者が多かったこと。コワーキングスペースという得体の知れない空間、よくわからないけどなんとなく興味があるからとりあえず試しに利用してみたいというニーズを、リターンでうまく掴んだのだ。試しに使ってみて良かったから会員になります、と後日入会を希望する人も少なくなかったという。

さらに資金調達達成後には、支援者以外の人から「co-ba 会員になりたい」という入会希望メールがぞくぞくと届く。これは戦

創業当時の〈co-ba shibuya〉

略どおり。〝声の大きい〟支援者から生まれるバイラル効果だ。中村さんが、ツクルバの発信する新しい空間価値をまず理解してもらいたかった人、それは当時から業界で大きな発信力をもっていた家入一真さんやイケダハヤト[*5]さんらだった。情報感度の高い人たちを引き寄せるオピニオンリーダーたちの後押し（口コミ）ほど信頼や好奇心を掻き立てるものはない。そんな彼らがパトロンになってくれた。これこそ今回の調達が３日で成功した要因でもあり、当初からツクルバが目論んでいた宣伝効果だと言える。また２０１１年当時の支援の空気感は、ストリートミュージシャンへの投げ銭感覚に近かった、と中村さんは言う。苦労して練ったリターンも、実際は〝購入して使わない〟人も少なくなかったそうだ。それに比べると２０１６年現在、クラウドファンディングを取り巻く状況も変化してきている。

中村　今クラウドファンディングは認知度が上がり利用者も増えましたが、逆に成功させるのはずっと難しくなっていると思います。プロジェクトがこれだけ乱立するなかでも、注目してもらえるところまで完成度を高めなくてはいけない。Twitter などのＳＮＳも当時はネットリテラシーの高い人が集まるメディアでしたが、今はすぐに炎上したりチャット代わりに意味のないやり取りを交わす場としても一般化している。有用な情報以外のノイズが多くなってしまったと思います。

確かにクラウドファンディングが日本に根付き数年経った今では、仕組みも成熟し、さまざまなチャレンジの実績が積み上げられてきた。今、成功には他の多くのプロジェクトと比較されても競り勝てるような、プロジェクトの成果物の高いクオリティやコンセプトへの強い共感が必要だと中村さんは話す。

●2回目に生かせたこと

1回目は無名のゲリラ戦だったが投げ銭感覚をうまく獲得して無事成功。そのおかげでSNS上での認知度が高まり、2回目のチャレンジでは投資家やベンチャー企業社長にもスムーズに声を掛けることができたという。それが「渋谷に自分たちの『図書館』をつくる、co-ba library プロジェクト」だ。目標金額100万円と、2012年当時の国内ではまだ高額な目標設定だった。また、スタートアップとして単発のチャレンジが一般的だったクラウドファンディングで、2回目の資金調達に挑戦して成功した前例もなかった。「1回成功したからって、あいつら調子乗ってるな」、との批判の声も危惧していたからこそ、失敗しても恥ずかしくないような、集まりそうにない高額に挑戦してみることにしたのだという。しかし、「2回目は結果的に、まったく苦戦しなかったです(笑)。ぼくらもびっくりした」。プロジェクトを解禁した翌日に100万円超えとわずか1日で目標金額に到達してしまったのだ。事前の広報や支援要請に「やるなら応援するよ」という人が増えた理由について、中村さんはこう分析する。

中村　自分たち自身がベンチャーであることも大きいと思います。1回目の挑戦から2回目にかけてぼくらも会社として成長し、より多くの人たちの輪ができ、新たに知合う人たちの層も高額支援に結びつく人脈に変わっていました。それに、co-ba の会員さんたちもお金を出してくれました。当時80人くらいだった会員に〝みんなの場所がもう一個増えますよ〟といって応援してもらった。リターンも、あなただけの本棚など、お得意様気分になれるものを提供しました。

終了時には、設定金額の2倍近い１９８万９５００円が集まった。２回目もパトロン数は１４３人と前回とそれほど変わらなかったことから、一人当たりの平均支援額は1回目から約３倍、１万４０００円弱に跳ね上がったことがわかる。ここにも周到なリターンの設定があった。１回目の成功を生かして、10万円以上の支援者には高額だけどお得な「年間パスポート」を設定したのだ。このパスポートは新規会員にも既存の利用者にも好評で10人の支援があった。さらに20万円のメガパトロンにも１人の支援者が現れた（リターンは「Powered by XXX」という文言がco-ba Libraryのトップページに1年間入るというもの）。単価の高いリターンを設けても支援者を獲得できるだけまでに、ツクルバの活動自体が求心力を持ち始めたのだ。

2回目の資金調達で完成した〈co-ba library〉

●支援者との密なコミュニケーションが大切

とんとん拍子にプロジェクトが成功する裏で、やはりトラブルもあった。当時頭を悩ませた課題の一つは、支援者との距離感だという。ある高額支援者に、新規プロジェクトの立ち上げ報告を怠り、軋轢を生んでしまったことがあったという。その時は謝罪をして何とか関係性を保てたものの、支援者とのコミュニケーションが手薄になってしまうことには、どんな言い訳も通用しない、と中村さんは話す。CAMPFIREは支援者のことを「パトロン」と呼ぶ。リターンが実利的な〝購入型〟のCAMPFIREの場合は、いわゆる芸術家とパトロン[*6]の関係性というよりは、「先行購入型モデル」という色が強いと認識していた中村さんたちだが、この出来事を通じて、支援者へ誠意を示し続けることの大切さを痛感したという。一度受けた支援に対して、その後も関係性を保つこと。昔から寄付金などで活動資金を賄ってきたＮＰＯとは異なり、彼らのようなベンチャー起業家や個人のクリエイターなどは、支援者とのコミュニケーションの経験値が不足していることが多いそうだ。各種クラウドファンディング・サイトでも、支援者とのコミュニケーションツールは用意されているので、こまめな状況共有を心掛けたい。支援者とのより良い関係性をつくることはプロジェクトの継続的な成功に繋がるはずだ。

●ソーシャルパワー切れに注意！

プロジェクトを立て続けに2回成功させてからは〈co-ba〉会員や身近な仲間のプロジェクトを逆にサポ

ートする機会も増えた。だが、その際にはツクルバの名を全面に出さないように心掛けるという。

中村　複数のプロジェクトで同時にツクルバの名前が出てしまうと、ぼくらのソーシャルパワーを使い切ってしまうことになるんです。例えて言うなら、RPGのMP（マジックポイント）ようなもので、貯めていないと使えない（笑）。ソーシャルパワーを一回ボーンと使った後は、回復して使えるようになるまでプロジェクトの立上げ準備に専念します。もしぼくらから一週間置きにプロジェクトをリリースして常にお金くれって言われたとすると、うんざりですからね（笑）。

たとえば、大人が昔夢見た〝ツリーハウス〟を、今の子どもたちと一緒につくるという「YUME TANK Project」は、千葉にある一番星ヴィレッジをプロデュースされている「太陽と星空のサーカス」とのコラボレーション企画だ。Makuakeでのメンズコスメブランド〈BULK HOMME（バルクオム）〉によるサロンの立ち上げ計画は、空間づくりからブランド構築などプロデュースの一環としてクラウドファンディングに参加した。「身近なだれかと夢を共有して、その実現に同じ方向を向いてともにアクションをするとき、クラウドファンディングの枠組みは最適」と話す中村さん。

これらのコラボレーションはツクルバのノウハウをお裾分けしているだけ。人々がアイデアを持ちよって化学反応を起こす〈co-ba〉の会員さんたち、そして身近な仲間たちに、次々に巻き起こる新たな展開こそ、ツクルバがベンチャー企業として活動していくときに不可欠なエネルギーである。創造性の連鎖を生み出し続けるという点で、〈co-ba〉・ツクルバとクラウドファンディングは相性がいいのだ。

●バーチャルなネットワークから始まる、リアルな場づくり

ツクルバの事例はリアルな場づくりの性格が際立つ。数あるクラウドファンディングの課題の一つに、〝資金集めの支援者コミュニティの維持〟が挙げられるだろう。お金は集まったけれどせっかく築いたコミュニティを上手く次の活動へと繋いでいくことは容易ではない。

通常、クラウドファンディングのプロジェクト支援は、企画者のもともとの知合いによる〝お付き合い〟の支援の割合が大きいと言われている。だから、1回目はまだしも2回目の時はシビアだ。「お前だからもう一回応援してやるよ」か、「もううんざりだよ」のどちらかだ。そして、見ず知らずの他人の信頼を獲得し、前者のように〝次なる支援を継続してもらうこと〟ほど、難しいことはない。

しかしツクルバのプロジェクトは、「愛着のある場をつくる」という、一過性ではないコミュニティの醸成そのものを目的としている。つまり、支援者が資金調達やプロジェクトの成功をゴールにせず、リアルな場での関係性を築くことに興味をもっているのだ。そうした関係性は、場を自然と成熟させていく。2016年5月で4周年を迎える〈co-ba library〉は、当初の目的であった「本に囲まれた静かなオフィス空間」としてだけではなく、会員の提案から、太陽光パネルをつくるワークショップやライブ、ピラティス

教室の会場にもなったりする空間として、さまざまな用途で使われ続けている。

●クラウドファンディングと相性のいい公共

「これまでプラットフォームを使ってこなかったような人たち、たとえば行政などが利用するようになれば面白い」。クラウドファンディングに今後何を期待するかと中村さんに尋ねてみると、こんな答えが返ってきた。

中村　たとえば渋谷の宮下公園です[*7]。都心の街区公園でも、市民の意志によって空間の価値が定められるのであれば、地域に根ざした、より愛着のある空間にしていくことができるはずです。そうした身近な社会の合意形成手段として、クラウドファンディングはとても有効な仕組み。だから公共に近いプロジェクトは相性がいいと思っています。

治安が悪化し近隣の住民から苦情も多かったかつての宮下公園。結果的には私企業の支援が入ったが、もしも区がクラウドファンディングを利用していればどうだったろうか。そんなことを想像しながらも中村さんがこれから目指すのは、世の中にありそうでなかった半歩先の「場の発明」だという。２０１５年6月から、ツクルバは新たに、実空間だけではなく情報空間まで横断した場づくりプロジェクトを始動した。冒頭でも紹介した、東京の中古リノベーション住宅を取材・紹介し、一点ものの住まいに共感を生み流通を促進する、不動産のオンラインマーケット事業〈cowcamo〉[*8]だ。前の住人や、リノベーションをしたつくり手が大切に育てた建物の物語をオンライン上で広く拡散し、実空間を受け継ぐたった一人の次の住まい手を探す事業。ビンテージマンションや中古のリノベーション住宅に、新築にない価値を見出す人が増えている時代、この事業を通じて、日本のこれからの住文化に「中古住宅を住み継いでいく」という選択肢をつくるために、これまでとこれからの住まい手を繋ぐ場を発明することを目指しているという。

中村　自分が生まれた時代と向き合い、これまでとこれからを繋ぐ大いなる文化のバトンパスを担う「建築」に可能性を感じ、建築家になりたかった。でも、現代は昔のようにハードウェアによって〝社会構築〟を象徴することにリアリティが薄まってしまった。1970年に丹下健三[*9]が大阪万博のお祭り広場をつくれば、その空間に人々は「確かに日本は復興している！」と歓喜したかもしれないけど、今は違います。だから、設計者として社会に働きかけるより、むしろ設計の前後の段階、つまり企画や運営までを含めた枠組みをつくりたいと思う

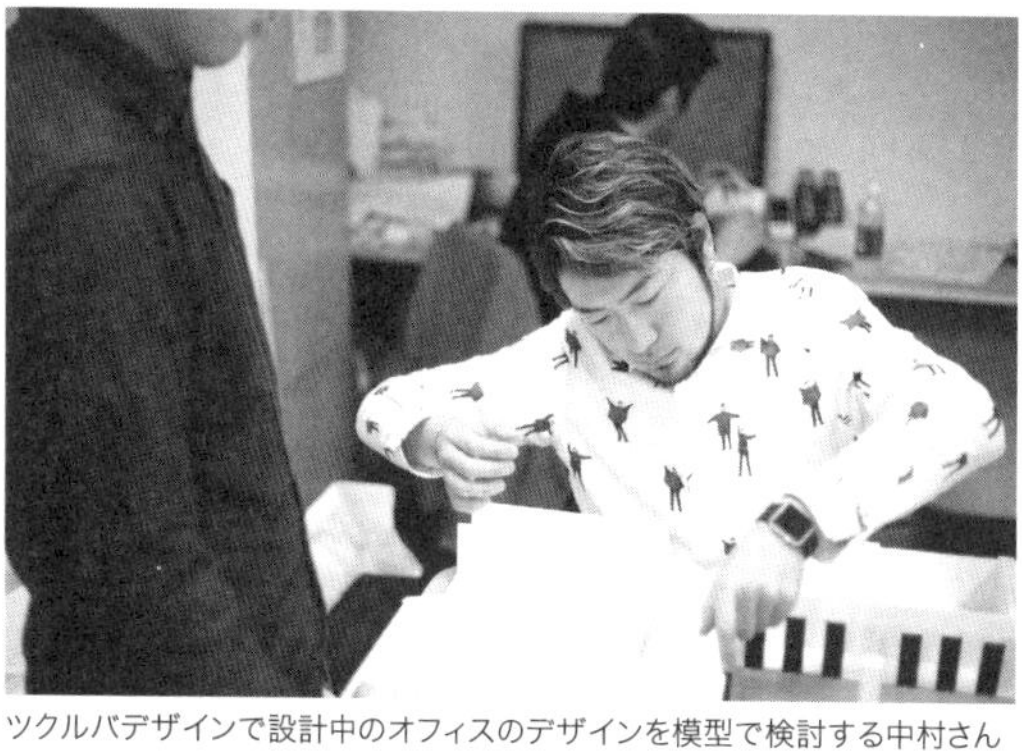
ツクルバデザインで設計中のオフィスのデザインを模型で検討する中村さん

ようになったんです。そんな時代だからこそ、民も官も越えて、未来の顧客を含めた広域な関係者間での合意形成を図りながら、その場所に熱を込めていく。そんなプロセス自体が社会構築になると思っています。クラウドファンディングのように、モノだけでなくコトから着手していくのが自然な流れなんです。

最後は建築を学んだ中村さんらしく、クラウドファンディングによって獲得されうる公共性こそが、今の公共空間や建築に必要なものではないかと話してくれた。

〈注〉

＊1 結婚パーティ、誕生日会、同窓会、歓送迎会等のプライベートパーティをエンターテイメントのプロフェッショナルが、スペース・フード・プランニングにわたってトータルプロデュースする事業。 http://hacocoro.com/

＊2 〈co-ba〉プロジェクトのホームページ http://tsukuruba.com/co-ba/

＊3 様々な職業の独立した個人が共同利用する事務所空間のこと。低予算でワークスペースを確保したい個人事業主の利用者が多く、分野横断型のコミュニケーションでノウハウやアイデアを共有できる利点もある。

＊4 実業家、株式会社 paperboy & co. 創業者。２０１１年1月に石田光平と株式会社ハイパーインターネッツを創業。

＊5 ＳＮＳなどを活用して話題を集めるプロブロガー。

＊6 一般的には芸術家に対して資金援助をする資産家などを指す。援助を受けているため、従属関係が存在する場合が多い。

＊7 ２００９年にスポーツ用品メーカーのナイキが、渋谷区への10年間のネーミングライツ（施設命名権）料を支払うという条件で〈宮下ナイキパーク〉になる予定だったが、公共空間の私有化に反発した市民が反対運動を起こして計画がとん挫。結局はナイキが改修協力をしつつ命名は取り下げることで２０１１年にリニューアルオープンした。

＊8 住まいの物語を集めた中古・リノベーションマンションのオンラインマーケット〈cowcamo〉のホームページ https://cowcamo.jp/

＊9 日本を代表する建築家。代表作に〈代々木第一体育館〉〈大阪万博・お祭り広場〉などがある。

- category	行政

- episode

市民のチャレンジを行政が応援します！

全国の地元出身者に支援を募る、県庁クラウドファンディング

- project

名称	幻の果物《ポポー》をみんなに食べてもらいたい!	いつでも演劇を観れる街に! 劇団ハタチ族「365日公演」を実現したい!	島根発ローカルジャーナリストの挑戦! “島根の面白い人”紹介本を作りたい!
手段	FAAVO 島根		
分野	地域振興	演劇	メディア
調達期間	60日間	59日間	41日間
調達金額	30万円	51万4000円	97万4000円
目標金額	25万円	50万円	30万円
支援者数	66人	76人	159人

- interview

田中徹さん ／島根県庁勤務

（たなか・とおる）1974年生まれ。1997年広島大学卒業。2009～2013年まで都市から地方への移住交流、中山間地域対策業務、現在は商工労働部産業振興課勤務。

田中壮一さん ／島根県庁勤務

（たなか・そういち）1983年生まれ。2005年島根大学卒業。島根県庁勤務、現在は地域振興部しまね暮らし推進課でＵＩターンの推進等の仕事に取り組む。

吉田篤史さん ／元・島根県庁勤務

（よしだ・あつし）1991年生まれ。2014年東京大学卒業。島根県庁勤務ののち、現在は総務省地域力創造グループに勤務。

- text　山本純子・佐々木周作

株式会社サーチフィールドが運営する「FAAVO（ファーボ）」というクラウドファンディング・サイトがある。「FAAVO 北海道」「FAAVO 大阪」というように、都道府県別に分けられた地域密着型のクラウドファンディング・サイトだ。そのなかでも異彩を放つのが「FAAVO 島根」で、サーチフィールドと地域のパートナーが協働してつくっている。FAAVO 島根は島根県庁しまね暮らし推進課が同社と連携しながら運営している。

今回は、FAAVO 島根の立ち上げから運営、プロジェクトの組成に向けて奔走してきた地域の立役者の活動に焦点を当てながら、「公共」とクラウドファンディングが上手くマッチした事例を紹介したい。

インタビューを引き受けてくださったのは、次の3人。1人目は、2013年の FAAVO 島根の立ち上げを担っていた田中徹さん。現在は異動され、産業振興課の企業支援の部署にいる。次に、田中壮一さん。FAAVO 島根専任者ではないが、県の外郭団体である「ふるさと島根定住財団」と一緒にUIターン者を支援する仕事をしている継続して FAAVO 島根を見守る。最後の一人は、吉田篤史さん。2015年3月まで、島根県庁・しまね暮らし推進課で、地域づくり事業の一環として FAAVO 島根の運営を担っていた。現在は総務省地域力創造グループ地域振興室で働いている。

ふるさとクラウドファンディング FAAVO（出典：FAAVO　https://faavo.jp/）

行政初のクラウドファンディング事業をゼロから組み上げてきた徹さんと、その立ち上げの思いを引き継いだ壮一さんと吉田篤史さん。定期的に役職や部署異動がつきものの行政職で、一つの仕組みを育て、根付かせていくことは容易ではない。それでもクラウドファンディングを「公共」の立場から地域に根付かせるという大きなビジョンに向かって、着実に実績を積み上げている。

●地方の切迫した現状

まず、そもそもの問題意識を共有しておく必要がある。しまね暮らし推進課のミッションは過疎を食い止めることだ。島根県は都心への若者の流出・人口減少という問題に直面しており、今後どのようにして次世代が住みたいと思えるような地域にしていくか、という課題に取り組んできた。すでに行っている事業には、UIターン者などの定住支援や、地域振興、産業や新規事業の開発などがあるという。

これは島根県だけではなく、日本国内の多くの地方が抱える課題だ。そして、多くの地方が同様に実施してきた対策に、若者移住斡旋のためのUIターン支援フェアがある。東京・大阪のような都市圏でフェアを開催し、若者世代の帰郷・移住を呼びかけるのだ。しかし、徹さんがこうしたフェアに参加する時いつも耳にしたのは、「帰りたいけど、仕事が

島根県庁しまね暮らし推進課

ないから帰れない」「応援したいけど方法がわからない」という声だったという。

そんななか、3年前に知ったのがFAAVOだ。「あなたの故郷を遠くにいながら応援できるクラウドファンディング・サービス」というメッセージに心惹かれた。住民が自らの地域のために何かをしようとするとき、補助金、会費集め、NPOバンクなどで集められる資金には限界がある。地元の取り組みと都心部の人を繋ぎながら大きな支援のうねりをつくることができるFAAVOは、徹さんがまさに探していたものだった。

●「行政」が取り組むクラウドファンディング

FAAVO島根の特色は、なによりクラウドファンディングに取り組む主体が〝自治体〟であることだ。今でこそ島根、大阪、鯖江、埼玉など日本全国にその動きは広がり始めているが、開始当初はとても斬新なケースだった。

田中壮　自治体が関わるケースが珍しかったこともあり、新聞にもよ

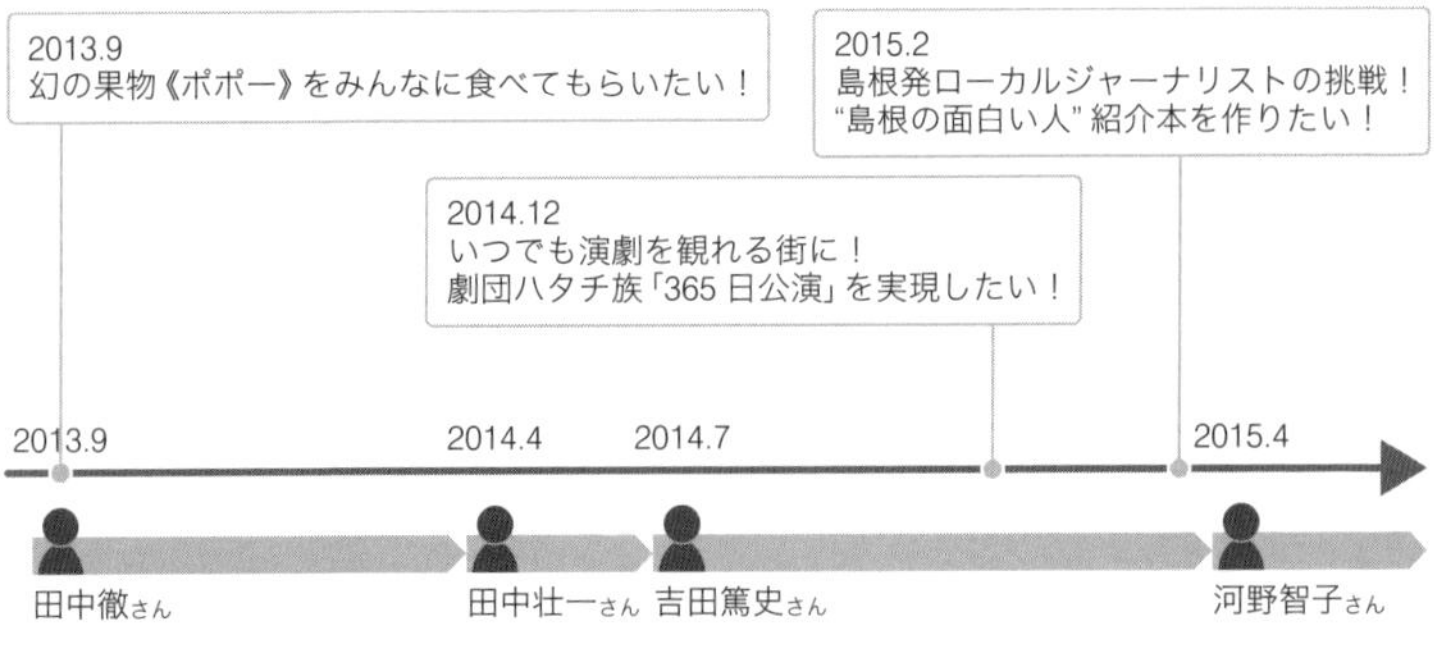

FAAVO島根担当者の変遷と3プロジェクトの開始年月

く取り上げてもらい、そして新聞を見たという人からこんなプロジェクトをやりたい、と問合せがくるのです。幅広い層の方から県庁にお問合せをいただきました。ほかに先駆けて自治体が関与したことでＰＲ効果が高まり、好循環が生まれているのではないでしょうか。

FAAVO島根は47都道府県のなかで9番目にできたFAAVOのサイトだ。ただし自治体とサーチフィールドがパートナーシップを結んで運営するというのは全く初の事例だった。県庁が手がけるプロジェクトであれば、見ず知らずのだれかの挑戦でも、多くの県民の方からの信頼を得やすいというメリットがある。万が一にも、架空の詐欺団体かも、リターンをちゃんと送ってくれないかも……などと、いらぬ心配をせずにすむのだ。

●「故郷を応援したい」という地元愛

FAAVO島根が最初に立ち上げたプロジェクトは「幻の果物《ポポー》をみんなに食べてもらいたい！」というユニークな見出しのプロジェクト。地元農家の西嶋一郎さんと地域おこし協力隊の若者の発案から始まった。島根県美郷町《みさとちょう》比之宮《ひのみや》地域に自生するポポーという果物をジェラートにして売り出し、特産品としてＰＲするというものだ。バナナとマンゴーとパイナップルを足して3で割ったような濃厚な味、と言われれば、だれもが食べてみたくなるだろう。

かつて戦後の高栄養食品として重宝されながらも時の流れとともに忘れ去られていたこのポポーが再注目されたきっかけは、平均年齢61歳の女子会だったという。その女子会でポポーがお裾分けされた時に、「ジェラートにしたら美味しそう」とだれかが一言。地域おこし協力隊[*1]として地域の隠れた魅力を常に探っていた小川珠奈さん・内山伸昭さんは、その言葉を聞くやいなや隣町のアイスクリーム屋さんに直行。試しにジェラートにしてもらったところ、町内でも大好評だったという。その美味しさは、ポポー嫌いだったという西嶋さんが、ポポー四次元化プロジェクトの会長を引き受けてしまうほど。もう一人の地域おこし協力隊、山本友紀さんがジェラートのラベルやチラシ、ポスターを手がけ、早速商品化に向けて動き出した。

プロジェクトの目標額は25万円。ポポーは保存期間が短く取扱いが難しい。収穫時期も限られているためなかなか市場に出回らない。そんな「田舎ならではの食の楽しみを、地域を元気づけたいＩターンの若者が発見した」というエピソードが、多くの支援者の心を魅了する。

期間内に支援者60人から30万円集まり、初挑戦のプロジェクトにもかかわらず１２０％の達成額となった。一番人気だったのは３０００円の支援。リターンはもちろん、地域いちおしのポポージェラートだ。

幻の果物と名高いポポー

田中徹　行政だけでポポーの特産品開発に取り組んでいたら、これほど話題にならなかったと思うんです。地元農家さんや地域の人、そして地域おこし協力隊員が力を合わせてセルフプロデュースした資金集めのアクションそのものが、ポポーという果物の新しい魅力になっていました。力を合わせて地元を盛り上げたいという地域住民たちの活気溢れるムードがあったからこそ、テレビの取材などのオファーもたくさん来たのだと思います。島根県の地域の魅力をPRするという点でとてもうまくいったと、個人的には一番印象に残っているプロジェクトかな。

このプロジェクトを支えていた徹さんはそう語る。日頃から地域の繋がりを地道に積み上げてきたこともちろん成功要因の一つだが、このプロジェクトは県外の島根県出身者からの支援が3割を占めていることから、関係者に限らず広く「故郷を支援したい」という気持ちを醸成したことがわかる。

こうしたFAAVOを通じた〝地元支援〟は、単なる資金提供にとどまらない。「顔の見えるお金だから良い」とはクラウドファンディングの利用者からよく聞かれる言葉だが、そのなかでも、〝地縁〟という切っても切れない関係に根差した支援は強い。元気のなかった地元にスポットライトが当た

西嶋二郎さん（左下）小川珠奈さん（右下）と地域の皆さん

り、活気づく様を見て、嬉しくない人はいない。遠方の県出身者は、地元を応援したいという気持ちと同時に、自分の地元に誇れる魅力があることに気づき、元気をもらっているのではないだろうか。

●地元のムードを知っていること

もう一つ、壮一さんが最も印象に残ったというプロジェクトを紹介したい。2015年3月に目標金額を達成した「島根発ローカルジャーナリストの挑戦！〝島根の面白い人〟紹介本を作りたい！」。開始からたった24時間で目標金額を達成した、熱気とスピード感あふれる事例だ。この本づくりは元・新聞記者のローカルジャーナリスト、田中輝美さんの呼びかけから始まった。山陰中央新報で島根県の記事を書いていた輝美さんが2014年の秋からフリーランスとして活動を開始するにあたり、これまでの取材活動を通じて出会ってきたたくさんの島根の人の魅力を、一冊の本にまとめて広く発信したい、という出版事業支援のプロジェクトだ。実は輝美さん、新聞記者時代に、FAAVO島根のクラウドファンディングの取り組みを、「島根の成功率100％！　全国から高い注目」と輝かしく紙面で取り上げてくれた人でもある。島根で頑張る多くの人にスポットライトを当て続け、皆の背中を押してきた輝美さんだからこそ、力を貸してくださいと言われれば壮一さんも周りももちろんだまっていない。まだ駆け出しのFAAVO島根にとっても、地元から厚い信頼を得ている輝美さんの挑戦はサポートしたいプロジェクトだった。

田中壮　私たちがプロジェクトで大切にしているのは、〝地域を応援したいという気持ち〟です。この成功を喜んでいるだけではなく、書籍制作のその先も、可能な限りフォローしていくつもりです。

●三者三様のキャラクターを活かした分業体制

これらFAAVO島根の数々の取り組みを見ると、地域の魅力を深く掘り下げつつも洗練した表現でPRされていることに驚く。チャレンジを軌道に乗せる鍵を握るのは、〝アドバイザー〟の存在だ。

それが三浦大紀《ひろき》さん（シマネプロモーション）[*2]。国会議員の秘書や国際NGOを経て、地元島根県のために仕事をしたいと立ち上げたのが今の会社で、もともとしまね暮らし推進課とともに地域に密着したプロデュース業務を行っていた県庁のパートナーだ。プロジェクトの立ち上げから情報発信、資金調達達成にいたるまでのトータルプロデュースを依頼をしている。このアドバイザーはほかにも2名いるという。

ここで、FAAVO島根の三者三様の役割分担が見える。まず、行政がしっかりとアドバイザーをサポートしつつ、住民と膝を突き合わせて話をする場を設け、何度も現場に足を運ぶ。それを受け、アドバイザーは十分に的

ローカルジャーナリスト・田中輝美さん（左下端）と県民のみなさん（提供：田中輝美）

を得たプロモーションを提案する。プロジェクトを粘り強く下支えできるのは、日々地域のことを考え、力を尽くす行政職員ならではだ。そして、地域の作法や魅力を熟知している地域密着型のアドバイザーによって、情報は届けられる。

たとえば、輝美さんに〝ローカルジャーナリスト〟という肩書きを全面に打ち出すよう勧めたのは、三浦アドバイザーだったという。輝美さんの活躍をずっと地元で目にしてきた三浦アドバイザーの、確信をもった選択だった。

そしてこれらの隠れた地元の魅力を、より遠くまで届けるため、外の眼をもつサーチフィールドの存在も欠かせない。サーチフィールドには、「どうすれば地方の魅力が都心居住者の目に留まるのか」「より効果的な情報発信をするために何が大切か」を見据えた、立ち上げのタイミングや発信のコツ、アップする時間や曜日、期間の話や設定金額の話など、54地域分（2016年3月現在）蓄積されたノウハウでマネージメントしてくれる。写真やテキストの準備など発信のための素材づくりも、アドバイザーとサーチフィールドの協働で行われている。

マネジメントを担う行政、地域密着型のアドバイザー、そして外の眼をもつマネージャー（サーチフィールド）。三者間でうまく分業し、三者三様の立ち位置から一つのプロジェクトを補い合って初めて成立するのが、地域密着型クラウドファンディングの仕組みだ。

三浦アドバイザー

●「島根」の魅力発信板として

最後に紹介したいのは、吉田篤史さん肝入りのプロジェクトだ。「いつでも演劇を観れる街に！　劇団ハタチ族『365日公演』を実現したい！」は、吉田さんが初めて立ち上げから関わり、36万5000円の目標額を43万円と達成率117％の成績で目標金額を達成したプロジェクトだ。

劇団ハタチ族[*3]は雲南市では名の知れた劇団。劇場や映画館がない地域がほとんどの島根県だからこそ、地元・雲南市に毎日芝居をやっている環境をつくりたいという劇団ハタチ族代表・西藤将人さんの挑戦だ。

デザイン関係の仕事をする協力者がいるため「日ごろのウェブページでの発信にも目を引くところがあった」と語る吉田篤史さん。彼らの支援者には根強いファンが多く、資金の支援以外にも、公演に直接足を運んでは、自ら進んで情報発信に協力する輪の広がりに、安心して達成を迎えることができた、と吉田さん。

しかし実は、この10件目のハタチ族のプロジェクトと9件目の間には4カ月の大きな空白期間がある。その間にも6個ほど、プロジェクトの持ち込みがあったというが、残念ながらそれらは実現には至らなかったのだそうだ。

田中壮　最初の説明の時には、幅広く入口を整理して説明するようにしています。クラウドファンディング以外にも、補助金、助成金、純粋な寄付など、さまざまなアプローチがあることを説明するとともに、クラウドファンディングの欠点も丁寧に説明します。いろんな人に見てもらえて良い反面、クレジット決済しかできないこと、十分な準備期間が必要であること、手数料やリターンの発送など思っている以上に負担や手間が多いことなども伝えて、もし相談者自身の顔が見える世界で資金を集められる手段があるなら、わざわざこの仕組みを利用せずに、寄付などを求めたほうがいいと伝えます。

それも「地域の人の地域のための」活動を、親身にわが事としてアプローチを共有できる行政ならではの姿勢だろう。度重なるプロジェクトの頓挫に頭を抱えていた吉田篤史さんも、満を持してのハタチ族の挑戦とあって、安心してプロジェクト支援を進めることができたという。

●今後の展開に期待して

インタビュー後、FAAVO島根の運営を担当していた吉田篤史さんの後任として、現在河野智子さんが運営を引き継いだFAAVO島根。あれから3つのプロジェクトを立て続けに成功させ、地域を元気にする活動はますます広がりを見せている。

劇団ハタチ族「365日公演」の最終日、大千穐楽大晦日公演のカーテンコール時の様子（提供：畑雄介）

クラウドファンディングでは、プロジェクトの成功で力を使い切ってしまい、せっかくプロジェクトで生まれたネットワークを持続させ、さらなる動きに繋げて活かすところまで手が回らないことが多い。しかし裏を返せば、実はそのネットワークを活かしきれる恰好のテーマが「公共」なのではないか。地域を盛り上げるのは地域住民の力にほかならないことは FAAVO 島根の取り組みからも明らかだが、それを粘り強く〝継続〟させる支援ができるのは、行政ならではだ。そして、一過性の盛り上がりを目的とせず、活動を10年、20年としっかり持続させ、取り組みを背負うのは、やはり〝地縁〟のある人たちだ。時に窮屈にも捉えられる〝地縁〟という言葉だが、ここには、見せかけの成功ではなく、自分たちの地元は自分たちが守り、盛り上げていかなければならないという覚悟がある。FAAVO 島根をはじめとする全国の FAAVO の取り組みからは、その気概が感じられる。

吉田　今のプロジェクトがもっとたくさん集まると、島根県のプロジェクト百科のようなものができます。それを見て、島根県すごいねって遊びにきたりしてくれる人が増えてほしい。FAAVO という仕組みというよりもそこにでてくるラインナップを大事にしています。全体を見て、魅力がどんどん増えている感じにしたいんです。

吉田篤史さんがこう話していたように、FAAVO を通じて生まれる地域自体の誇りの醸成や意識の高まりは、だれよりも地元住民たちを勇気づけるのではないだろうか。事実、FAAVO島根のウェブサイトは格好良い。西嶋二郎さんや田中輝美さん、ハタチ族の皆さんに代表されるように、島根県を愛し、島根県での仕事や暮らしを楽しんでいる人たちの活気で溢れている。そんな、他人に自慢したくなるような島根県の百科事典は、今も更新され続けている。彼らがいるからこそ、都心の地元出身者たちは地元に誇りをもつことができるのだ。

今後のFAAVO島根について尋ねてみると「最終的には行政から手が離れることを目指している」という答えが返ってきた。現在の状態は、いわばFAAVO島根というプラットフォーム自体のスタートアップを、しまね暮らし推進課が請け負っている、といった感覚だろうか。ゆくゆくは民間に移行し、地域の力だけで運営させる。FAAVO島根は間違いなく、島根県を支えていく都心居住者たちを繋ぎ、次の地元をつくる人材発掘のプラットフォームになっている。

〈注〉

＊1　総務省が制定した、地方自治体への地域活性化人材の派遣制度。

＊2　シマネプロモーションのホームページ　http://shimapro.net/

＊3　劇団ハタチ族のホームページ　http://20zoku.jp/

		- category	デザイン
- episode			

革新的なミュージックビデオをつくりたい

まだ見ぬ表現を待ち望む、ファンから託された制作費

- project

名称	Interactive music video for SOUR	SOUR "Life is Music" Phenakistoscope music video	SOUR 新曲『Life is Music』ミュージックビデオ制作プロジェクト
手段	Kickstarter		GREEN FUNDING by T-SITE
分野	映像		
調達期間	41 日間	10 日間	72 日間
調達金額	$5,277（約 44 万円*1）	$2,596（約 25 万円*2）	90 万 500 円
目標金額	$5,000（約 42 万円*1）	$2,000（約 20 万円*2）	50 万円
支援者数	63 人	22 人	154 人

- interview

川村真司さん

PARTY クリエイティブ・ディレクター

（かわむら・まさし）クリエイティブ・ラボ PARTY 共同創設者。ブランドのグローバルキャンペーンを始め、テレビ番組開発、ミュージックビデオの演出などを手掛け、アメリカの雑誌 Creativity の「世界のクリエイター 50 人」や Fast Company「ビジネス界で最もクリエイティブな 100 人」、AERA「日本を突破する 100 人」に選出。

- text　山本純子

*1 2010 年 12 月 2 日調達終了時の為替レート（$ ＝約 83 円）

*2 2013 年 10 月 18 日調達終了時の為替レート（$ ＝約 98 円）

２０１１年の「Creativity 50」[*1]（Creativity 誌）、２０１２年の「100 Most Creative People」[*2]（Fast Company 誌）に選ばれるなど世界的に活躍しているクリエイティブ・ディレクターの川村真司さん。

彼は、レディ・ガガのプロモーションツールとして開発された〈GAGADOLL〉や安室奈美恵のＭＶ（Music Video）〈Golden Touch〉、ルイ・ヴィトン主催の〈Timeless Muses（時を超えるミューズたち）〉展、インテル〈PUSH for Ultrabook〉――これらのビッグプロジェクトを手掛ける一方で、個人としての制作活動も精力的に行っている。

パラパラめくると虹が飛び出す本〈RAINBOW IN YOUR HAND〉やSOUR（サワー）をはじめとするインディーズミュージシャンのＭＶディレクションなど、ジャンルも多彩だが、多額の予算をかける大型プロジェクトと違い、個人制作はほとんどの場合予算が非常に少ない。そこで目をつけたのがクラウドファンディングだ。日本のインディーズバンドSOURが２０１０年に発表した楽曲〈映し鏡〉のＭＶ制作ではアメリカのクラウドファンディングサイトKickstarterを、そして２０１３年発表の〈Life is Music〉では、日米でクラウドファンディングを実施した。最近では、安野モヨコによる漫画が原作の「オチビサン」アニメーション作品や、Alma 望遠鏡が捉えた星の電波を音に変換し、それをミュージシャンがコンピレーションＣＤにするという〈Music for a dying star〉などさまざまな場面でクラウドファンディングを活用している。世界の第一線で活躍するクリエイターが感じる、クラウドファンディングの可能性を探るべく、今回は川村さんが最初にクラウドファンディングを利用したSOURのＭＶ制作の事例を中心にお話しを伺った。

●世界中で称賛されたＭＶ制作は予算なしで始まった

川村さんがこれまで一貫してディレクションを担当しているSOURのミュージックビデオ（以下、ＭＶ）は、毎回そのシンプルかつユニークな表現で話題になる。

全編を通して手の影絵だけで物語が綴られる〈半月〉（２００７年）。ヘッドフォンのコードの動きによって人のさまざまな感情が浮き彫りになる〈面影の先〉（２００８年）。全編ＷＥＢカメラを使ってファンの方々を撮影した動画を編集、世界中の人たちがビデオチャットでつながっていく様を表した〈日々の音色〉（２００９年）。〈日々の音色〉は、どこにいても簡単にコミュニケーションできる時代を象徴するビデオとして、第13回文化庁メディア芸術祭エンターテイメント部門大賞やYouTube Video Awards Japan 2009 音楽部門大賞などを受賞した。

そしてこれまでのＭＶの概念を超えた〝インタラクティブ・ミュージック・ビデオ〟と呼ばれ話題になったのが２０１０年の〈映し鏡〉だ。このＭＶはまず、特設サイト（現在はクローズ）にアクセスし、任意で自分のTwitterやFacebookのＩＤなどを連携するところから始まる。ＭＶの冒頭に現れるのはGoogle検索ページ。そして、最初にTwitterやFacebookと連携した人はおもむろに自分の名前の検索結果が表示されるのだ。その後、画像検索された自分のイメージ

インタラクティブ・ミュージック・ビデオ〈映し鏡〉

からロボットのようなキャラクターがつくられ、そのキャラクターが観ている人のTwitter、Facebook、Youtubeとさまざまなサイトを横断していきながら、歌詞が奏でられていく。WEBカメラに接続させていれば、途中でMVを観ている自分の顔もMV内に表示される。パソコンのブラウザで「ネット上の自分自身が取り込まれた、自分の〝映し鏡〟としてのMV」を見ることができるというまったく新しい体験。大掛かりな撮影こそないものの、アイデア実現のために複雑なプログラミングを要する野心的作品である。

しかし実はこのMVも、制作をオファーされた時の予算はほぼゼロだったという。もともとSOURのボーカルであるhoshijimaさんが高校の同級生だったという縁もあり、川村さんは自身の表現の実験場として、SOURのMVディレクションを請け負い、制約があるからこその面白い表現を追求してきた。とはいえ、新しいものをつくることはお金もかかり、スポンサーを見つけることも難しい。何か方法はないかと考えていた時に思い浮かんだのが、前年2009年に開始したばかりのクラウドファンディングサイトKickstarterだったという。

川村　ちょうど当時、友人のザッカリー・リバーマン[*3]（Zachary Lieberman）がKickstarterで資金調達をしていたんです。人々から少額ずつお金を集めるというコンセプトは、クラウドファンディングという言葉が普及する前から仲間内で「そういうサービスあったらいいよね」と話していたぐらい関心があったんです。Kickstarterはシステムがシンプルでデザインやユーザーインターフェースもいいし、すでにザックや面白いアーティストたちが利用していた。これはいいなと思いました。失敗しても何もロスはないし、上手くいけば今後も利用できるし、ぼくも実験的に試してみたくなりました。

とにかくやってみよう、と〈映し鏡〉の制作資金５０００ドルを募るクラウドファンディングを始めたのが２０１０年11月のこと。当時はまだ日本にクラウドファンディング・サイトが生まれておらずKickstarterのみでの挑戦となった。アメリカでもノウハウが共有されている時期ではなかったため、見よう見まねでのスタート。リターン設定などの準備から実際の運営まで川村さんがひとりで担当したものの、時間を要するものづくりという仕事柄、調達期間中に活動報告などの更新やフォローは満足に行えなかった。しかも日本のインディーズバンドのＭＶ制作資金をアメリカの Kickstarter で資金調達するという無謀とも言える取り組み。しかしながら、前作〈日々の音色〉などを通じて海外に川村さんファンがいたこと、そして日本からの応援も後押しして、最終的に62名の支援者から、目標額を上回る５２２７ドルを調達する。

その後このＭＶは、２０１１年のカンヌ国際広告祭（サイバー部門銅賞／デザイン部門金賞）、アジア太平洋広告祭（サイバー部門最高賞＆金賞／デザイン部門最高賞／Innova 部門）を始めとする多くの賞を受賞、世界中から称賛された。

●新作〈Life is Music〉で満を持して日本でのチャレンジ

そして2013年。SOURの新作アルバム〈Life as Music〉の発売が決定、その中の一曲である〈Life is Music〉のMVを川村さんが手掛けることとなった。〝音楽のようにサイクルする人生〟をテーマとしてつくられたこの曲に対し、川村さんがMVの主軸としたアイデアが「フェナキストスコープ」。フェナキストスコープとは19世紀に発明されたアニメーション装置の名称だ。円盤の盤上を放射線状にコマ割し、各コマに絵を描いて回転させることで絵が動いているように見える。川村さんは1枚1枚違った絵が描かれた約300枚のCDをフェナキストスコープとし、そこから生まれるアニメーションのみでMVをつくろうと考えた。しかし装置やCDへの印刷代などのコストはもとより、音楽に合わせて気持ちのいいアニメーションをつくり出していくためには、膨大な作業量と優秀な制作スタッフが必要となる。川村さんは今回もクラウドファンディングを利用することを躊躇なく決断する。

川村　確かに〈映し鏡〉の調達は大変でしたが、2回目の挑戦をすることに迷いはなかったです。今回はホームグラウンドである日本での資金調達ですし、前回の調達で学んだことを活かして対策すれば、手堅く資金集めができるかなと思いました。

そうと決めたら行動は早い。アニメーション制作を依頼したディレクターの井口皓太さん（TYMOTE）か

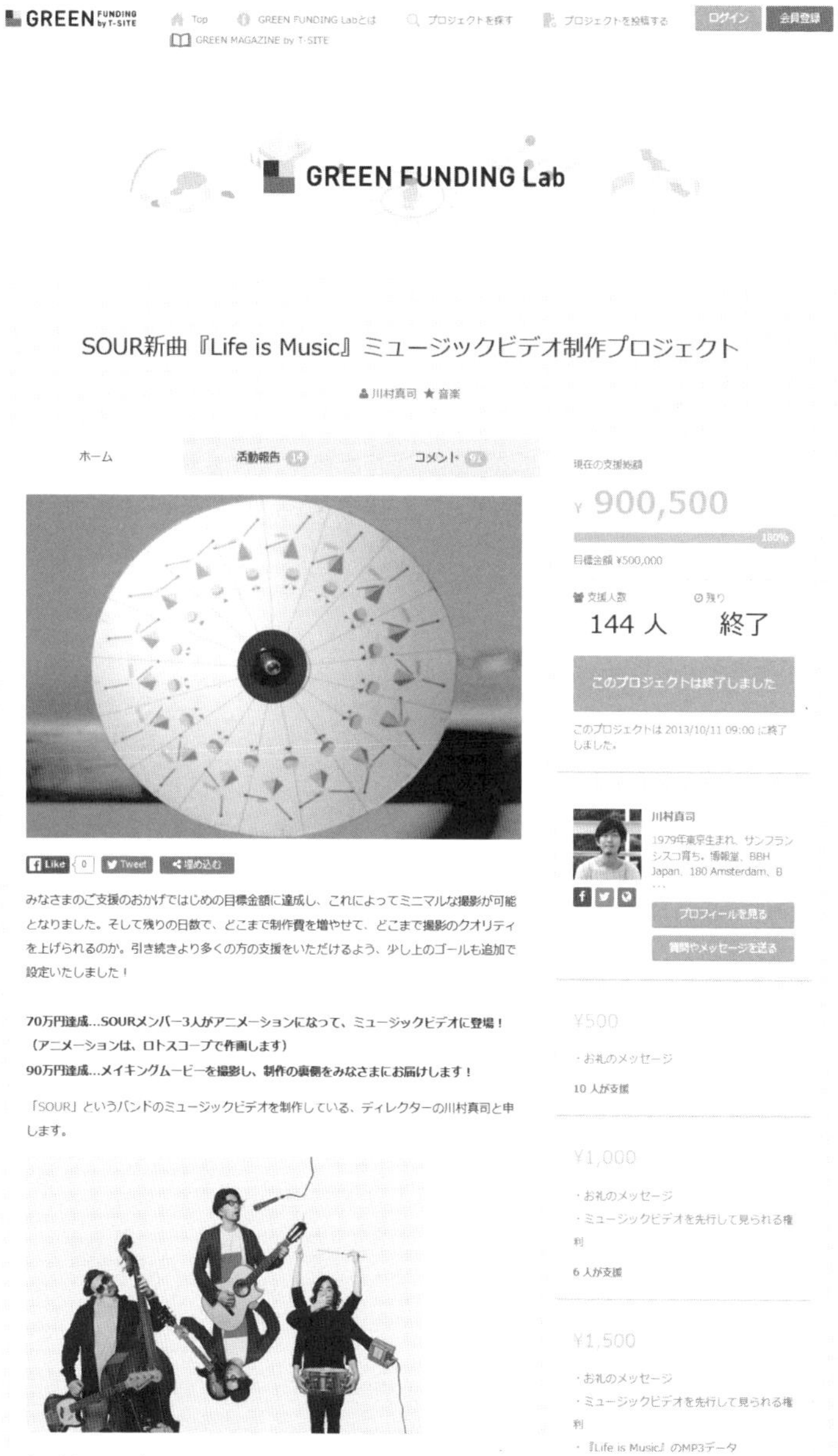

GREEN FUNDING by T-SITE　Top　GREEN FUNDING Labとは　プロジェクトを探す　プロジェクトを投稿する　ログイン　会員登録
GREEN MAGAZINE by T-SITE

GREEN FUNDING Lab

SOUR新曲『Life is Music』ミュージックビデオ制作プロジェクト

川村真司 ★ 音楽

ホーム　活動報告 14　コメント 9

Like 0　Tweet　埋め込む

みなさまのご支援のおかげではじめの目標金額に達成し、これによってミニマルな撮影が可能となりました。そして残りの日数で、どこまで制作費を増やせて、どこまで撮影のクオリティを上げられるのか。引き続きより多くの方の支援をいただけるよう、少し上のゴールも追加で設定いたしました！

70万円達成…SOURメンバー3人がアニメーションになって、ミュージックビデオに登場！
（アニメーションは、ロトスコープで作画します）
90万円達成…メイキングムービーを撮影し、制作の裏側をみなさまにお届けします！

「SOUR」というバンドのミュージックビデオを制作している、ディレクターの川村真司と申します。

現在の支援総額
¥ 900,500
100%
目標金額 ¥500,000
支援人数　残り
144 人　終了
このプロジェクトは終了しました
このプロジェクトは 2013/10/11 09:00 に終了しました。

川村真司
1979年東京生まれ、サンフランシスコ育ち。博報堂、BBH Japan、180 Amsterdam、B…
プロフィールを見る
質問やメッセージを送る

¥500
・お礼のメッセージ
10 人が支援

¥1,000
・お礼のメッセージ
・ミュージックビデオを先行して見られる権利
6 人が支援

¥1,500
・お礼のメッセージ
・ミュージックビデオを先行して見られる権利
・『Life is Music』のMP3データ

プロジェクトページ（出典：GREEN FUNDING by T-SITE　https://greenfunding.jp/lab/projects/609-sour-life-is-music）

らクラウドファンディング・サイト「GREEN FUNDING by T-SITE」を紹介され、数回の打ち合わせを経た約1カ月後の2013年の9月には、目標金額50万円のプロジェクトを開始する。
MV制作は10人ほどのチームだったが、プロジェクトに関わるのは今回も川村さんひとり。十分な時間があるとは言えなかったが、前回調達時にはほとんどできなかったプロジェクトの進捗状況等の活動報告はまめに行った。また、支援者へのリターンの一部にMVのために制作した約300枚のCDのうちの50枚をSOURサイン入りの「限定アートディスク」として提供することで、支援した作品の一部を所有できるようにした。

●支援の伸びは制作過程をオープンにしてこそ

資金を集める際に大事にしていることは「透明性」だと川村さんは語る。

川村　資金を集めるクリエイター側が、きちんとこのクラウドファンディング・プロジェクトにコミットしているという姿勢を見せるのが重要だと思います。だから活動報告や問い合わせにも全部自分で対応しました。その方がやっぱり真摯だし、最終的に集まるお金も増えるのかなという気はしてい

CDをフェナキストコープとして利用し、アニメーションを作成

ます。あと、制作過程をある程度オープンにしていくこと。そうすることで、支援者側には、ちゃんとできていっているなという安心感と同時に、わくわくする気持ちを醸成します。支援しようかなと迷っている人に対しては、信頼できそうだという印象を与え、過程を見たからこそ面白そうだなと興味をもってくれることもあると思うので、いろいろな意味で理にかなっているんです。

確かに、〈Life is Music〉のクラウドファンディング・サイトにある活動報告では、最初のアイデアが詰まったプレゼン企画書や絵コンテの一部公開、音楽と映像が気持ちよくシンクロしていくために日々行われているテスト撮影の動画紹介、制作チームとの撮影の様子など、川村さんを始めとするスタッフの方々がいかに少しずつアイデアを形にしていっているか、そこに至るまでどれほどの試行錯誤があるのか、現場が垣間見えるようになっている。

海外クラウドファンディング
何件か海外の方からも支援をできないかというご要望をいただき、試しとしてGreen Fundingさん経由でフランスのMy Majour Companyというクラウドファンディングにもプロジェクト…続きを読む
2013/10/01 20:32
50万円達成！！！！！その先へ…
みなさま、昨日のB&Bでのトークでなんとか50万円を達成できればと祈っていたら、なんと本当に叶ってしまいました！！！ご支援している見なさま、そして最後の一押しをしてくださったおりえさん、あり…続きを読む
2013/09/28 18:42
井口さんアニメ
みなさま、おかげさまで44万円まで来ました！もうちょっとで目標金額が達成できそうです。引き続きのご支援、よろしくお願い致します！本日下北沢のB&BでGreenFundingの沼田さん、TYMOT…続きを読む
2013/09/28 01:31
¥5,000
・お礼のメッセージ
・ミュージックビデオを先行して見られる権利
・アルバム全10曲のMP3データ
・限定ポスター［SOURサイン入り］
12 人が支援
¥7,000
・お礼のメッセージ
・ミュージックビデオを先行して見られる権利
・アルバム全10曲のMP3データ
・ナンバリングされた限定アートディスク［SOURサイン入り］
49 人が支援
¥10,000
頻繁に更新される活動報告ページ（出典：GREEN FUNDING by T-SITE　https://greenfunding.jp/lab/projects/609/activities）

川村　ぼくはもともと、つくっている過程を写真や動画と文章で記録するようにしていて、活動報告用にわざわざ撮ってアップするという感覚はなかったのでクラウドファンディングに合っていたところはあるかもしれませんね。最初の〈映し鏡〉の資金調達の時は、そこまで考えられなくて途中経過を報告してなかったんですけど、やっぱりできる限りどんどんオープンにしていった方がいい。逆に、制作スタイルとしてオープンにしたくない人、あるいはオープンにできない案件は無理してまでクラウドファンディングをする必要はないと思います。

こうした地道な改善と映像系メディアに記事を掲載してもらうなどのPRの結果、約5週間というやや短めの調達期間ではあったが、3週間で目標の50万円に到達。目標達成後も「70万円を達成した場合はMVにSOURのメンバーをアニメーションで登場させる」こと、「90万円達成した場合はメイキング・ムービーをプレゼントする」ことを約束した結果、プロジェクト終了時には144人から90万500円が集まった。また、日本で実施するのとほぼ同時にKickstarterでもプロジェクトを開始し、こちらは22人から2596ドル（目標2000ドル）を調達している。

フェナキストコープを用いたMV撮影現場の様子

●自由なクリエイティビティを発揮するために

川村さんが実施したクラウドファンディング・プロジェクトで特徴的なのは、目標金額が手堅く設定されていることだ。実際、一回目のプロジェクトで目標とした5０００ドル、そして二回目の50万円（Kickstarter では2０００ドル）という金額は全制作費の一部に過ぎない。どうせクラウドファンディングで集めるならば、ギャランティまで賄える全制作費数百万円を目標にしたらいいじゃないか、と考えたくなるかもしれないが、「無謀に目標額を高くしても、それに対して人が投資してくれるのかというのは別問題。自分のプロジェクトや準備できるリターンがどのぐらいで買ってもらえるものかという冷静な判断もしないと達成できない」と川村さんは冷静に語る。クラウドファンディングの運営やPRにはどれぐらい労力をかけられるか。適正なリターンの設定額とそれらに支援する規模（人数）はどのくらいか。特にMVはいずれ無料でYoutubeに一般公開されるものなので、たとえば「限定品」や「市場価格より安価なもの」を支援者への強力なリターンとして用意できるプロダクト（製品）開発系のプロジェクトと比べると、「クレジットに記載される」「一般公開より前に見ることができる」など、どうしてもリターンのパワーが弱くなる。つまり、資金調達者側の希望だけで目標金額を設定するのではなく、さまざまな要因を加味して確実に達成できる金額を計算することも、特にプロジェクトにそれほどリソースを割けない場合は重要となってくるわけだ。

もちろん、もっと大掛かりなプロジェクト、夢のための資金調達や、無理かもしれないが頑張りたい、というクラウドファンディング・プロジェクトがあることを否定しているわけではない。

川村　ぼくの場合、絶対多くの資金を集めないとつくることができない案件ではなく、なくても制作はできるんだけどあったら助かるし、クラウドファンディングをやること自体がＰＲになるな、と思える案件をクラウドファンディングで集めたいと思います。大口を集める挑戦は素晴らしいことで、ぼくはまだそこまで覚悟できていないということなんですけど、一方でもっと軽やかな利用の仕方、つまり、自腹で費用を出してもいい規模だけどもう少し資金があったら嬉しい、でもどこかの会社から投資してもらうほどのことでもないことにクラウドファンディングを使いたい。クリエイティブの自由を担保しつつ、いいなと思ってくれる人たちから資金を出してもらって一緒につくれたらいいな、そのぐらいの気持ちで使うことがあっていいと思っています。

●アイデアを真っ先に世の中に出していくシステム

自分がつくりたいものをつくろうという時に、〝軽やかに〟クラウドファンディングを利用する。それは、アイデアやコンセプト自身も軽やかにオープンにしていくということにもつながる。Kickstarter の創設者ヤンシー・ストリックラー（Yancey Strickler）は自分たちのミッションについてこのように語っている。

「人々は皆創造性をもっています。が、思いついたアイデアのほとんどは実現することがありません。

アイデアを世の中に出すということが一番重要なことなのです。自分たちが作ったサービスKickstarterはそこへのハードルを低くするものです」

「アイデアを世の中へ出すこと。それができれば（もしも資金調達が失敗に終わったとしても）〃great victory〃であると思います」（Media Lab Conversations Series: Kickstarter's Yancey Strickler（2013年4月3日開催）より）[*4]

これに対して、川村さんも「まさに、そうだと思いますね」と賛同する。

川村　クラウドファンディングで資金を調達すると、まだアイデアやコンセプトがプロトタイプになったぐらいの段階で、世の中に「あるもの」として認識されるんですよね。だから、あるアイデアを思いついて、しかもそれがシンプルな発想でいつかは他の人も考えつきそうなものの時、そこから工場を確保して大量につくるのではなく、すぐにクラウドファンディングでアイデアを発表しちゃってファーストロットをつくってしまい、量産はその後で、という考えもあると思うんです。（クラウドファンディングにアイデアを公開することで真似されるという指摘もあるので）難しいところですが、ぼくは最初にアイデアを宣言して形にすれば、その後似たものが出てきても、意外と人はオリジナルを大事にしてくれるという、ウェ

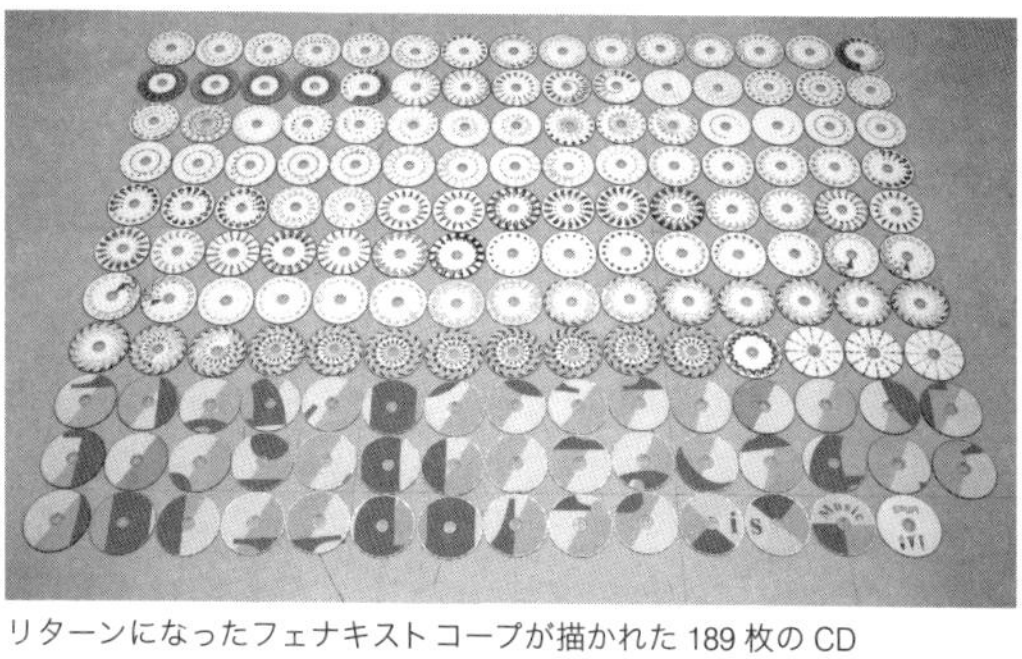

リターンになったフェナキストコープが描かれた189枚のCD

ブの自浄作用を信じています。それに、弁護士を雇って知的財産の権利をとったとしても、類似品は出てきますしね。

アイデアを真っ先に形にしていくシステム。そう考えた時、クラウドファンディングを通じて支援する人も、単に〝お金を出す人〟ではなく〝世の中にないものを生み出していく一員〟となっていく。

川村 つくり手ではない人も制作に関与しながら、今までにない面白いものをつくり出せるというパラダイムシフトは徐々に起きていると思います。クラウドファンディングというと、日本ではまだ寄付のニュアンスが強い感じがするのですが、「自分はこれをつくりたい」という思いに対して、じゃあ俺も、私もと一緒につくるクラウドファンディングの仕組みは、寄付と似て非なるものかなとも思う。そういうタイプのプロジェクトが増えていけばより面白くなっていくと思いますね。

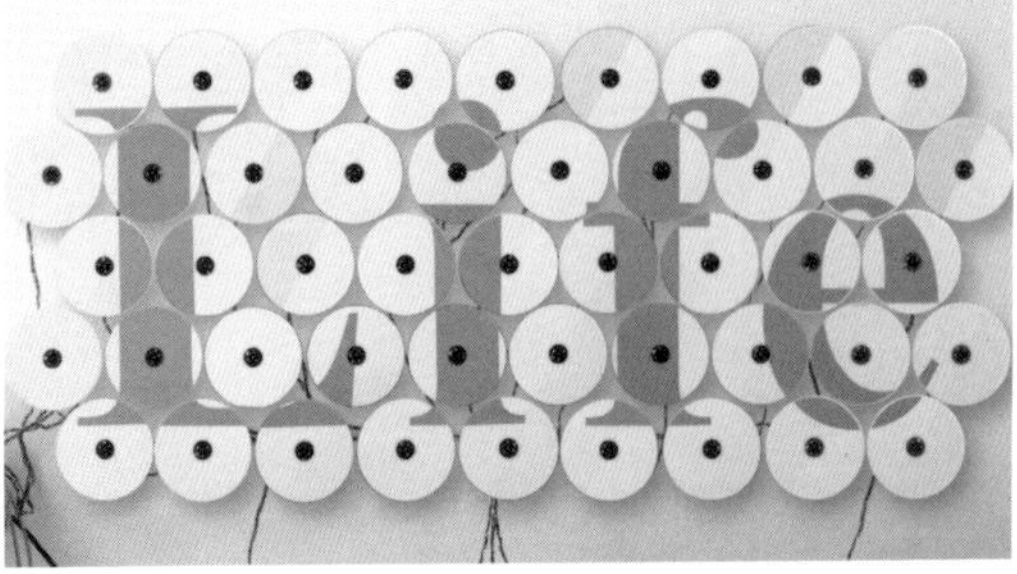
作品内で使われたCDはクラウドファンディングのリターンとして支援者に贈られた

●クリエイターへのメッセージは「とっととやれ！」

近年多額の資金を集める事例も登場し、インディーズの音楽制作や映像制作の分野では浸透しつつあるように思えるクラウドファンディングだが、川村さんのようにクラウドファンディングを利用してＭＶを制作する例は増えているだろうか。

川村　実際はハードルが高いと感じている人たちもまだまだいますね。たとえば多くの音楽レーベルにクラウドファンディングを利用しようと提案すると、「そういうことはやっていない」の一点張りで敬遠します。それは日本でもアメリカでも変わらない。80年代にＭＴＶが出てきた頃はある種、ＭＶは映像の実験場としての役割があったんです。ＭＶから面白い表現が出てきてそれが映画につながることもあり、映像の可能性を広げる面白い足掛かりになっていたんです。でも今は音楽業界の状況が変わってしまって、そうした夢はなくなってしまった。日本に限らず海外でも、賞を総なめしているような名のあるアーティストでも驚くほど少ない予算しかかけなかったりするんです。だから、クラウドファンディングを使えばいいのにと言うと「お金がないバンドに思われるのが嫌だ」って。なんて古い人たちなんだって思いますけど。

だからこそ、少しでも関心がある人は「もっともっとやればいい」と川村さんは続ける。

川村　クリエイターはクラウドファンディングをやった方がいいからとっととやれ、それだけですね（笑）。やっぱり肌感覚は一回やってみないとわからないですし、まずはやってみて「失敗から学ぶ」のがいいと思います。失敗自体何も恥ずかしいことはないし、それを恐れたら何も始まらないです。ぼくはすごくお金がほしいというわけではないけど、常に新しい視点をもつ面白いものをつくりたいし、そういったプロジェクトの目指すクオリティに値するお金が毎回きちんと発生してほしいと思っています。一方で、本当に資金がないインディーズのような人たちこそ、斬新なアイデア、クリエイティブに頼るという現実もあって。そういった状況をどう改善してくかという時、クラウドファンディングはすべてのクリエイターと資金の問題を解決する「ベストな方法」というわけではないけれども一つの方法であることは確かだと思います。

〈注〉

＊1　広告・マーケティング誌"Creativity"が毎年選出する世界で活躍するクリエイター50人。

＊2　ビジネス誌"Fast Company"が毎年選出する世界各国のイノベーター１００人。

＊3　アメリカのメディア・アーティスト。２０１０年のアルス・エレクトロニカインタラクティブアート部門ゴールデン・ニカ賞受賞、同年"100 Most Most Creative People in Business"に選出されるなど世界的に活躍している。

＊4　http://www.media.mit.edu/events/2013/04/03/media-lab-conversations-series-kickstarters-yancey-strickle

- category 政治

- episode

全市民に
市政報告書を届けたい

政治を身近に！政策に込めた想いの拡散装置

- project

名称	【地方議員初】政治にもっと興味を持ってもらうための情報発信（市政報告）の一部に活用します！
手段	ZIPANGO
分野	政治
調達期間	90日間
調達金額	10万3500円
目標金額	10万円
支援者数	22人

- interview

木村亮太さん

枚方市議会議員

（きむら・りょうた）1984年生まれ。2007年大阪大学経済学部卒業。化粧品を扱うベンチャー企業に就職し、その後、2010年に政治の世界への挑戦を決意し、退社。2011年の枚方市議会議員選挙にて、特定の団体の支援も受けず、無所属で、利益誘導型政治ではなく未来に責任を持った政治を訴え、初当選。2015年現在2期目。

- text 佐々木周作

「ネット選挙」という言葉を聞いて、どのようなイメージを抱くだろうか。アメリカはネット選挙先進国であると言われる。2008年の大統領選挙で、オバマ現大統領が、インターネットを通じた投票行動の呼びかけと資金調達のためのプロジェクトを大々的に展開したことを覚えている読者もいるかもしれない。たとえば、オバマ大統領は、有権者と双方向コミュニケーションをとるために、SNSを積極的に活用していた。また、気軽に寄付ができるシステムを彼のサイト上に整えただけでなく、当選を後押ししたい人たちが自発的にボランティア・グループを組織し、運営していくためのサポート・ツールも用意した。

●インターネットと市議会議員

日本ではネット選挙が一般的になっている印象はまだない。インターネットを通じた投票行動の喚起は、2013年に公職選挙法が改正されるまでは実施が規制されていたという事情が大きい。資金調達活動については、「楽天政治LOVE JAPAN」[*1]といった政治献金を仲介するウェブサービスは存在していたが、支援対象に地方議会の議員は含まれていなかった。

多くの読者がネット選挙という言葉を初めて意識したのは、家入一真さんが2014年1月に東京都知事選に立候補し、クラウドファンディング・サイト「ShootingStar」に支援を呼びかけるプロジェクトが立ち上げた時ではないだろうか?「ぼくらの力で政治の常識をひっくり返そう!!」と銘打たれたこのプロジェクトは、わずか6日間で目標金額を大幅に上回る744万7500円を調達した（支援者数は692人）。

それに続く3月18日には、ShootingStar の姉妹サイト「政治版クラウドファンディング ZIPANGO」[*2]が開設され、地方議会議員を含めて10人ほどの政治家がプロジェクトを始動させた。

木村亮太さんは、ZIPANGO のサイト開設に合わせてプロジェクトを開始し、見事目標金額を達成した若手政治家の一人だ。２０１１年に、大阪府内の枚方市議会議員選に初めて立候補し、27歳ながら無所属で当選を果たした。

当選以降ずっと、①どのような政策を実現させたいか、②そのために普段どのような活動しているか、をわかりやすく記した報告書を、枚方市の17万世帯すべてにポスティングして配布する活動を続けている。配布ペースは年に2〜3回だ。手作業によるポスティングなので、すべての世帯に配り切るには、沢山のボランティアの協力を得ても2カ月の時間がかかる。そして、報告書の作成・印刷には、一回あたり数十万円が必要だという。今回のプロジェクトは、この報告書配布活動のための資金調達だ。

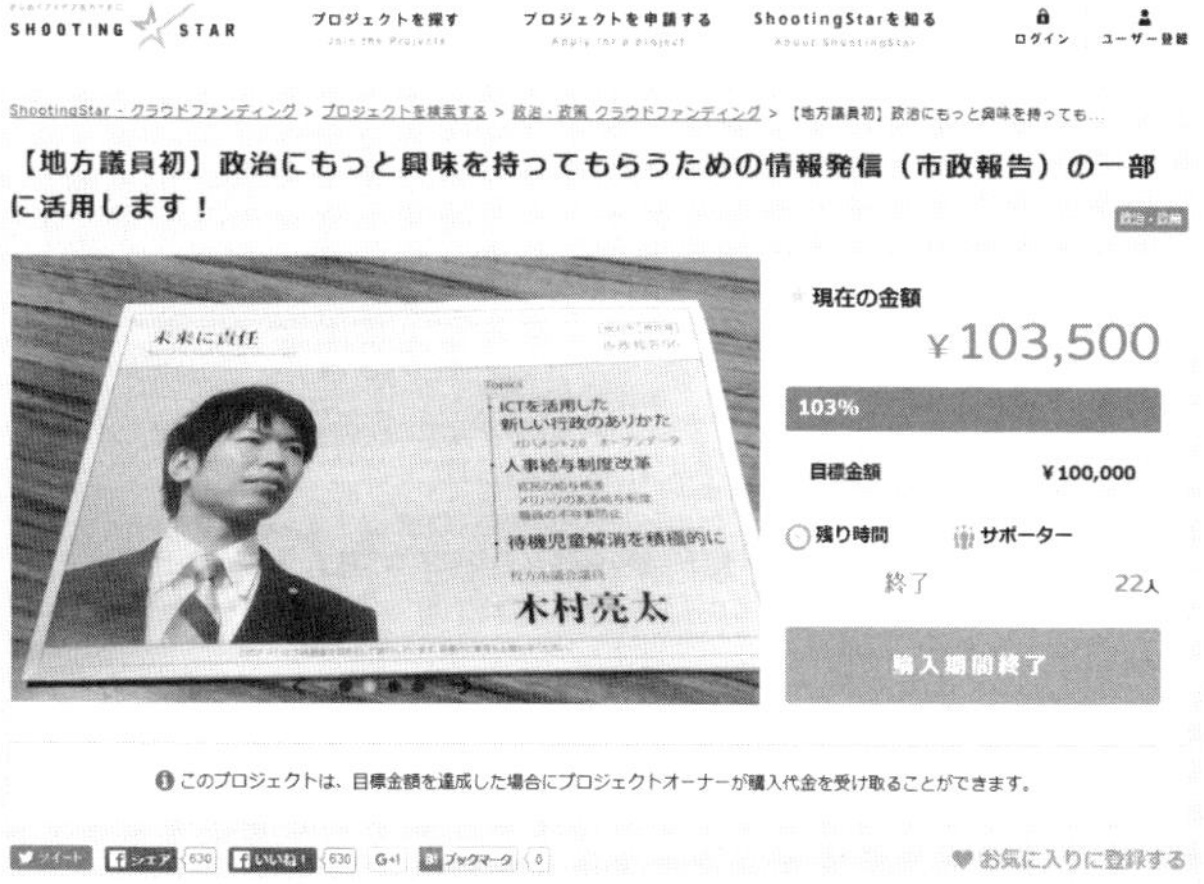

プロジェクトページ（出典：ShootingStar　http://shootingstar.jp/projects/733）

●17万世帯に紙の報告書をポスティング

木村　選挙のとき、候補者の考え方や活動姿勢がよくわからないから投票に行かないとか、よくわからないけど、なんとなくこの人に投票しておこう、という人たちをできるだけ減らしたいという思いがあります。

また、ぼくが進めたい政策の内容を理解してもらったうえで、それが良いと思うのか、悪いと思うのかをちゃんと判断してもらいたい。その結果木村を支持しないとなっても、それはそれで構わないと思っています。

市の未来をだれに託したいか、有権者がそれを決めようとするとき、判断できるだけの情報をきちんと届けたい、というのが木村さんの想いだ。だから、木村さんを直接支援してくれる市民だけでなく、枚方市すべての世帯に配り切るということが大切なのだ。

木村　市政活動の報告は単純な箇条書きにせず、意図や目的なども理解してもらえるよう、具体的な文章で書くように心がけています。また、ぼくのプロフィールとか年齢や趣味など、自分自身の人となりをアピールする部分はできるだけ控えて、何をしたいのか、何をしてきたかをわかってもらうことに注力しています。

報告書のデザインも細部にこだわりがある。ちゃんと中を開いて内容に目を通してもらえるよう、折りたたんだときに木村さんの写真が正面にくるように工夫してある。

また、見出し文を追ってもらうだけで、木村さんがどんな施策を推進したいかが分かるようにしてある。推進したい施策の説明もできだけ具体的に書くようにしている。ただ、あまりに具体的にし過ぎると、情報量が増えすぎてかえって読んでもらいにくくなる恐れがあるのだそうで、その塩梅でいつも頭を悩ませているそうだ。

〝紙〟の報告書を配布するというのもこだわりの一つだ。なぜなら、Facebook や Twitter、ブログでアプローチするにも限界があるという実感が強いからだ。紙の報告書を配布していることで、高齢者の方が直接電話をかけてきてくれる機会も多いのだという。

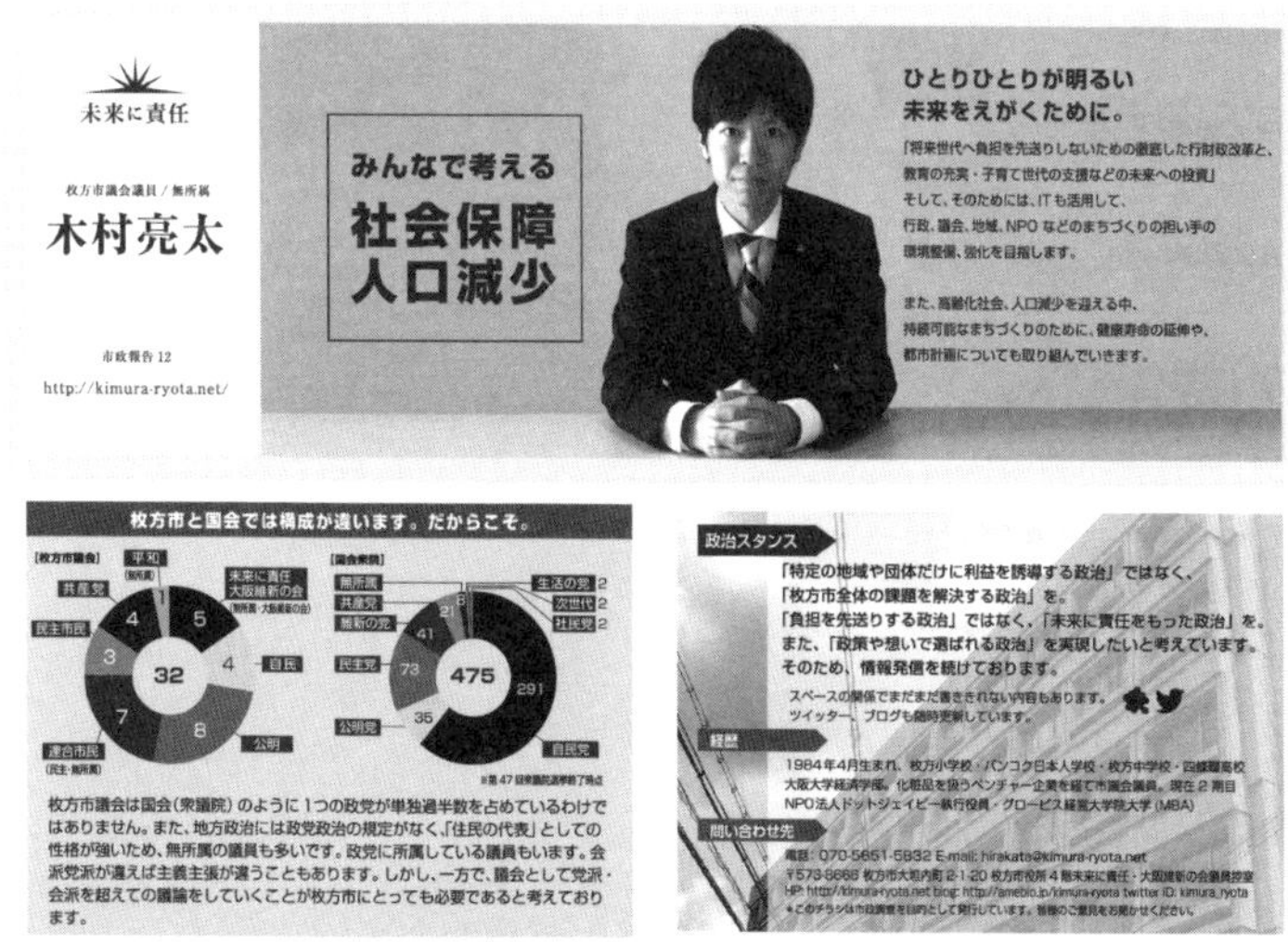

木村さんが毎年配布している市政活動報告書。これを四つ折りにして郵便受けに投函する

●市政報告書づくりのためのクラウドファンディング

報告書作成のための資金を、クラウドファンディングで集めたいと考えたのはなぜだろうか？

木村　その質問に答える前に、政務活動費というものをまずは紹介したいと思います。政務活動費は、市町村から議員に交付される資金の一つです。調査研究や研修への参加、出張、必要資料の購入に充てることができます。また、報告書の印刷・配布のように、市政報告活動にも使うことができます。

ただ、交付額は自治体によって差があり、たとえば東京都議会のように月額60万円（2016年3月現在）交付されるところから、数万円のところまである。枚方市は月額7万円であり、出張費などほかに必要な費用を含めると、今の規模の市政報告活動を政務活動費だけで賄うことはできません。つまり、市政報告活動を縮小して費用を抑えるか、別の資金を工面するかのどちらかになるんですが、ぼくはこの活動を大切にしているので、規模は縮小せず、別の資金をなんとか工面しようと思いました。

市政報告活動を政務活動費だけで持続させるのが困難で、別の資金源が必要という事情は理解しやすい。

木村　実はこれまで、政務活動費で賄えない分は議員報酬から充てていたんです。また、議員は兼業が認められているので、市政報告活動のための資金を別の仕事で稼いで賄うということでも良いわけです。でも、別の仕事をする時間をつくってしまうと、議員活動の質が下がってしまいますよね。

市民の方々からの小口の支援という形で集めたいと思ったのは、お金を出してもらうことで、その方の政治への関心をさらに高めることができるんじゃないか、と考えたからです。「木村のプロジェクトに支援したのだから」ということで、ぼくの普段の議員活動や枚方市全体の動きに注意を払ってもらいやすくなるのではと思いました。

木村さん一人の声ではなく、枚方市全体の動きに気にかけてもらいたいという想いは、報告書作成のそもそもの動機にも似ている。

木村 大口ではなく小口の支援で資金を集めるというところにもこだわりがあります。一人の方からたとえば1000万円のような大口の支援を受けてしまうと、いろいろなしがらみが生まれてしまいます。これが正しい、と考える主張ができなくなるかもしれない。声の大きな一人の有力者に支えてもらうよりも、多くの支援者が木村のことを気になってくれているという状態の方が理想的なんです。

大勢の支援者から小口の資金を仲介するクラウドファンディングの仕組みは、議員活動の透明性を担保するという観点からも、親和的なのかもしれない。

●政治版クラウドファンディングの必勝法は？

木村　正直なところ、試行錯誤でした。今回、政治版クラウドファンディングに挑戦してみて思ったことは、通常のクラウドファンディングと随分違うような気がするということです。こうすれば良い、という必勝法が最後までわからなかったんです。

木村さんの口調からは、政治家としてクラウドファンディングに挑戦することの悩ましさが感じ取れる。木村さんは「クラウドファンディングの戦略には2種類ある」と話す。一つ目は「理念共感型」。政治家としての活動姿勢をアピールして、木村さんの掲げる枚方市の未来をともに目指そう、という気持ちから支援してもらう方法だ。そして二つ目は「物販型」。支援のお礼としてリターンを用意して、リターンの魅力を強くアピールして支援してもらう方法だ。

政治版以外のクラウドファンディング・サイトを調べてみて、「物販型」で、リターンの魅力を強くアピールをするのが成功のための定石だとわかったという木村さん。しかし、今回、木村さんが採用したのは「理念共感型」の方法だった。

木村　一番の理由は、政治家としてどのようなリターンを提供するのが良いか、が最後までわからなかったからなんです。通常のクラウドファンディングだと、たとえば、プロジェクト・オーナーと会って話せたり、食事をしたりできるというリターンがありますよね？　ただ、ぼくらは普段から、直接支援してくださった方でもそうでない方でも、枚方市に住むすべての方々に語りかけに行くという姿勢でいます。だから、特定の方と会って、その方からはお金をいただくというリターンを設定することは、今回控えることにしました。自分がそんなリターンを設定しても買ってもらえる気がしなかったからでもありますけど（笑）。

確かに、木村さんの意見にも頷ける。これまで価格のついていなかった議員活動に価格をつけることはとても難しい行為だ。

木村　結局、「理念共感型」でどこまでやれるかを試してみようと決めました。多くの人にとって魅力的なリターンを提供することはおそらく難しいでしょうが、その状況でどこまでやれるのかを掴むことにしました。

●市議会議員からもらって嬉しいリターンとは？

結果的に、クラウドファンディングのリターンは、実際の報告書と礼状の送付というシンプルなものにした。それでも、目標金額の10万円は早々と達成した。大学時代や会社員時代の友人などを中心に、志をともにする仲間たちから支援を受けた。

「理念共感型」の戦略で支援してくれる人は、「理念」に「共感」する人だから、木村さんの政治家としての理念を理解し、木村さんの思い描く枚方市の将来像が実現していくことを自らの喜びとして感じられるような人ということになる。支援者に、昔から付合いが深く、志をともにする人たちが多くなるのは自然なことだ。「ただ、初めに予想していた通り、『リターンにもっと工夫があったら協力しやすかったのに……』という声はありました」という木村さん。もし次回、「物販型」に挑戦するなら、リターンの候補となるものは何か思い浮かぶだろうか？

木村　はっきりと答えるのは、まだ難しいんです。市民の方々と、アイデアを練るためのワークショップを開いてみるのも良いかなと思っています。

ただ、もうすでに価格がついているものをリターンとして提供する、というところには可能性があるかなとは思います。たとえば、ぼくと著名な方が一緒に登壇する講演会を開くとして、その著名な方が普段設定されている参加料を参加者からいただくけれども、その一部はぼくへの支援金としてい

5000円のリターン

ただくというものです。講演会を仲介したという役割に対してぼくが支援金をいただくなら、違和感が少ないかもしれないと思うからです。

あと、「海外視察に行きます」や「アンケート調査をします」をテーマに設定して、その報告書をリターンにする方法です。それくらいテーマを絞った方が応援してもらいやすい気がします。今回の「報告書代が足りない」というストーリーへの共感性は、やっぱり低かったのだと思います。

●政治版クラウドファンディングだからこそ、あえて選ぶべき道

今回、木村さんの話を受けて、政治版クラウドファンディングだからこその特徴が沢山あると感じた。

政治版以外のクラウドファンディングでは、プロジェクトの目的は具体的で簡潔、支援の対象は狭い方が望ましいと言われる。つまり、支援を求めている人がどこのだれで、その人が今、どれほど困っているかがパッと理解できる方が成功しやすい。たとえば、ある女の子に臓器移植が必要で、海外で手術を受けるための資金を寄付で集める、というようなプロジェクトだ。

一方、木村さんのプロジェクトの場合、支援の対象は木村さんのように見えて実はそうでない。彼の活動の目的が、枚方市民の政治に対する興味や関心を高めることであることからわかるように、真の支援対象は木村さんの議員活動によってより良い生活を送ることができる枚方市民全員と彼らの未来だ。

クラウドファンディングの必勝法に従うなら、もっと支援の対象を絞るという戦略を採るべきだろう。

しかし、自分自身の活動を支援してくれる人だけでなく、〝直接は応援してくれない〟人にも公平に力を尽くすことが議員の使命だ。その信念から、クラウドファンディングの必勝法に合わせて戦略を柔軟に変更できるところとそうでないところが当然あるはずだ。

クラウドファンディングの一つの未来は、政治版クラウドファンディングの特徴に合わせた必勝法をどのように開発していくか、というところに拓けるのではないか。ZIPANGO のホームページには、議員の方々の試行錯誤の様子を、現在進行形で見ることができる。２０１５年春、見事2期目の当選を果たした木村さんの2回目の挑戦に期待したい。

議会で質問を行う木村さん

〈注〉

＊1　楽天株式会社が運営する政治献金サービスサイト。　http://seiji.rakuten.co.jp/

＊2　政治家を応援するクラウドファンディング。ＮＰＯ法人ドットジェイピーがサポート運営している。　http://zipango.shootingstar.jp/

- category 福祉

- episode

だれもが利用できる病児保育サービスをつくろう

働くおかんを支えるチャリティランナーの連携プレー！

- project

名称	ひとり親へ病児保育を提供すべく、平日毎日(平均5キロ走る+ブログ更新)を続ける	ひとり親世帯の応援のために走ります！大阪マラソンサブ4目指します！
手段	JapanGiving	
分野	ひとり親支援	
調達期間	236日間	137日間
調達金額	102万7500円	7万3000円
目標金額	100万円	7万円
支援者数	135人	25人

- interview

高亜希さん

NPO法人ノーベル代表

（こう・あき）2003年関西学院大学卒業、JTB・リクルート勤務。子育てを理由に退職する同僚から仕事との両立の難しさ、病児保育問題を知る。認定NPO法人フローレンスで修業後、2009年ノーベル設立。出産後も当たり前に働ける社会を目指し関西初の共済型・地域密着型病児保育事業を開始。(財)日本病児保育協会・理事。

北村政記さん

NPO法人ノーベルファンドレイザー

（きたむら・まさき）2003年同志社大学卒業後（株)ベネフィット・ワンに入社、法人営業に従事。2011年ノーベルにボランティアとして参画し、2年後に正社員として専従ファンドレイザーに就任、「ひとりおかんっ子応援団プロジェクト」を担当。2014年第28回人間力大賞ファイナリスト、まちづくり市民財団奨励賞受賞。

- text 佐々木周作

かつて働く女性の代名詞と言えば学校の先生や看護師さんだった。彼女たちは結婚や出産とともに職場を一度離れるが、資格職であることが手伝って、育児が一段落した後は職場に復帰することが多かった。

今では女性が活躍する職場も多岐にわたる。トップの成績を収める女性営業職はたくさんいるし、取締役会で女性役員の姿を見かける機会も増えてきた。また、家族や夫婦の関係も、彼女たちの社会進出と同じくして多様化している。母一人子一人の世帯や父一人子一人の世帯を見かけることも珍しくなくなった。

女性の賃金水準が彼女たちの社会進出や家族関係・夫婦関係の多様化のタイミングと同時に上昇するのが理想だが、それは職種や地域により異なるだろう。結果として、過渡期である現在には低所得者層の母子世帯が増えている。厚生労働省の調査結果を見ると[*1]、ひとり親世帯のうち、およそ85%が母子世帯であることがわかる。また、父子世帯の平均年収が360万円であるのに対して、母子世帯では181万円と約半分ほどまで低かった。

今回紹介するのは、子育てと仕事の両立を頑張るお母さんを応援するクラウドファンディング・プロジェクトだ。

●働くおかんのためのクラウドファンディング

働くすべてのお母さんたちの願いは、「土日しか風邪ひかない子に育ちますように」だ。通常の保育所だと子どもが発熱したときや病気のときには預かってもらえないからだ。なかには、病児を預かることができる「病児保育施設」を併設しているものもある。しかし、その数は全保育所のうち、およそ3・6%にしかすぎない。多くの場合、お母さんは仕事を休むか、途中で切り上げて迎えに行かねばならない。

欠勤や早退しがちなスタッフを雇い続けるには、会社側に相当の体力が必要だ。非正規スタッフとして働く場合はなおさら、子どもがいつ病気にかかるかと、お母さんが仕事を続けられるかどうかは表裏一体だ。

高亜希さんが、訪問型病児保育サービスを提供するNPO法人「ノーベル」を立ち上げたのは2009年のことだ。2003年に関西学院大学を卒業後、JTB・リクルートで働くなかで、同性の先輩や同僚が仕事と育児を両立できないと言って辞めていく現実を目の当たりにした。「子どもが熱を出して、1週間仕事を休んだ」という声を聞き、病気の子どもの世話を任せられる場所が圧倒的に不足していることを知った。「1週間休んで出社したら、周囲からの冷たい視線を浴びた」という声を聞き、職場に迷惑をかける罪悪感から辞職を決めていることも知った。今のままでは女性が働き続けることは無理だ、そう痛感したそうだ。

2014年度TCC賞新人賞を受賞したノーベルのポスター

なんとかしなければならない。奮い立つ気持ちとともに学び始めるなかで病児保育という言葉に出会う。病児保育の定着のため東京で先陣を切って活動しているフローレンスというＮＰＯ[*2]があることを知り、代表の駒崎弘樹さんに会いに行った。その足で働かせてもらえるように頼み込み、１年間修行を積んだ後、２００９年４月にノーベルを立ち上げた。高さんが生まれ育った大阪に病児保育を根付かせるためだ。

●病児保育が増えなかった理由

ノーベルの病児保育サービスの内容は手厚い。働くお母さんたちにとって心底助かるものになっている。まず、当日の朝８時までに申し込めば１００％対応してくれる。また、スタッフが自宅に駆けつけてくれるので送迎の負担もない。一対一の保育であることも、病気の子どもを家に残して出かけるお母さんには安心だ。さらに、インフルエン

おうち訪問型のノーベルの病児保育の様子

ザなどの感染症にも対応可能で、代わりに病院に連れて行ってくれるし、診察の結果をメールで報告してくれる。急なキャンセルに無料で対応してくれる点も嬉しい。

近年知名度が増してきた病児保育だが、これまで病児保育のサービスを提供する施設がなかなか増えなかったのには大きな理由がある。財務的に安定した運営が難しいからだ。一般的に、病児保育は子どもが病気になったときに利用するものだ。通常の保育園や幼稚園と異なり、毎日通う場所ではない。いつ、子どもが病気にかかるかをお母さんが予測できないように、いつ、何人の利用希望があって、そのために何人のスタッフに待機してもらう必要があるか、施設側の予測も難しい。風邪が大流行して数十人から利用の希望があるときもあれば、複数人のスタッフが常駐するなかで利用者は一人もいないという状況もありうる。コスト超過になりがちだ。

行政から補助金を受けて運営する方法もあるが、その場合、人員配置や利用料に厳格な規制がある。驚くべきことは、その規制どおりに運営してしまうと黒字化できないということだ。どれほど強い志や覚悟があっても、赤字必至な事業を単独で継続できる期間は限られている。

高　ノーベルでは、共済の仕組みを取り入れることにしたんです。

共済とは、利用者から月会費を集めて、積み立てたお金を病児保育の経費に充てる保険に似た仕組みのことだ。子どもが熱を出し病児保育が必要になったとき、会員であればサービスを受けられる。逆に、ある月は子どもが病気にかからずにサービスが必要でなかったなら、納めた会費はほかの親子のために使われる。皆で支え合いながら、病児保育を維持していく方法だ。

ノーベルの月会費は平均で7000円（初回利用料は会費に含まれている）になる。会員になるだけで月1回は利用可能で、2回目以降は1時間あたりで1500円が必要となる。

●より多くのおかんを助けるために。超えてきたハードル

しかし、立ち上げ当初のノーベルは、すべての人が利用できるものではなかった。たとえば、提供エリアは大阪市内に限られていた。また、障がいをもって生まれた子どもを預かることもできなかった。「明日預けられないと、仕事をクビになるんです」と電話をかけてきたお母さんの申し出を、泣く泣く断ったこともあったという。

2016年現在、提供エリアは大阪市内だけでなく、近隣の吹田市や豊中市、東大阪市、堺市まで広がっている。また、2012年には日本で初めて「発達障がい児向けの病児保育」を開始した。

これら2点に加えて重点的に進めているのは、どの所得世帯のお母さんでも利用できるようにするための取り組みだ。毎月7000円の会費は、年間の所得が200万円を切るような世帯だと簡単には納められない。なんらかの方法で、彼らの負担を小さくする必要がある。

高　2013年4月から、「ひとりおかんっ子応援団プロジェクト」を開始しました。ひとり親家庭の利用料を寄付で賄おう、という取り組みです。ひとり子育てを頑張るお母さんの月会費は1000円として、残りの必要経費はいただいた寄付金を充てられるようにしたかったんです。

この「ひとりおかんっ子応援団プロジェクト」の立ち上げ時期に、ノーベルに新しく参加したのが寄付集めの専門職・ファンドレイザーの北村政記さんだ。

北村さんは、それ以前からボランティア・スタッフとしてノーベルで働いていた。小さい頃に病気がちで救急車で病院に何度も運ばれた経験がある北村さんは理念に共感し、東京での仕事を辞めてまでしてノーベルの扉を叩いた。半年間働いたが、当時のノーベルにスタッフを増やす余裕がなかったことから、大阪にあるほかの会社に転職していた。

ある日、「ひとり親向けの支援を始めることになったよ」と高さんから連絡を受けた。ただ、プロジェクトの立ち上げには百万円単位のまとまったお金が必要で、まだ不足しているとも聞かされた。

「100万円、ぼくが集めます」

当時まだ転職先の企業で働いていた北村さんは、仕事のすき間時間を使って寄付集めの活動を始めた。利用したのは、「JapanGiving」だ。JapanGiving は、だれもがファンドレイザーになれる仕組みをインターネット上で提供している寄付型クラウドファンディングだ。

「ぼくはノーベルというＮＰＯの活動にすごく共感していて、寄付を集めたいと思っている。皆も応援してくれないか」

ＳＮＳ等を駆使してこのように友人知人に呼びかけるのだ。ただお願いするだけでは寄付してくれないから、ひとり親支援への想いが本気だ、ということを北村さんが体現して示す必要がある。選択したのは、「毎日５km走ります」とマラソンで本気度を示す方法だ。イギリスでは、マラソンに出場するランナーを応援する代わりに、チャリティー団体に寄付をする文化がある。そのやり方を参考にしたのだ。

２０１２年の開始当初、寄付してくれる人はほとんどいなかったという。イギリスと違って、マラソン・ランナーに寄付する習慣が日本にはまだなかったからかもしれない。確かに、知人がＮＰＯを応援するためにマラソンをしているという話を聞かされ

北村さんが初めて挑戦したチャリティマラソンのページ（出典：JapanGiving　http://japangiving.jp/c/8238）

ても、なんだかよくわからないというのが自然だろう。

しかし、走った距離が積み上がるにつれて支援してくれる人も増えてきた。なんだかよくわからないという状態は変わらないが、北村さんがとにかく本気だということは伝わったのだろう。

人に支援をお願いするとき、「自分は今までこれだけ頑張ってきた」と示すことは有効だ。たとえば、起業資金へのサポートを募るときなどは、事業計画をどれだけ詰めているか、独力でどこまで進めてきたかを示すことでやる気を伝えることができる。ただ、寄付の場合はたくさんの市民からお金を集めるので、ひとり親支援事業の詳細や進捗状況について細かく説明することが有効だとは限らない。専門的な説明をすぐに理解できる人は限られているからだ。この人は本気だ、と直感的に多くの人が判断できるもの何だろうか。マラソンを走ることはその一つなのかもしれない。

最終的に北村さんが走った距離は、なんと８４５㎞。この挑戦に対して、１３５人が合計で１０２万７５００円を寄付した。その実績が認められ、ノーベルのファンドレイザーとして正式に迎え入れられた。

●たくさんのボランティア・ファンドレイザーたち

ノーベルは周囲の人たちが自発的に活動してくれることで成長してきた

大阪マラソンにもチャレンジした北村さん

団体だ。当時他企業の社員だった北村さんがJapanGivingで寄付を募ったことは、そのことを示す代表的な例だ。

「ノーベルの会員さんたちやスタッフには本当に助けられている。彼女たちの病児保育に対する想いが強いからこそ成り立っている」と、高さんは語る。

周囲に支えられたエピソードは枚挙に暇がない。高さんがまだ組織運営に慣れず、利用者も思うように増えずに資金が底を尽きかけていた頃は、前の会社の先輩が冷静なアドバイスをくれた。マーケティングの考え方を学び、広報戦略を見直すうちに利用者数が伸び、運営も安定してきたという。マスコミに勤務する利用者が、ノーベルの活動をメディアで取り上げてくれたり、広告代理店に勤務する寄付者が、広報物のデザインを手伝ってくれたりしたこともある。その縁が続き、働くお母さんの実態をコミカルに表現した『働く!!　おかん図鑑』[*3]という冊子までできあがった。

さらにノーベルの寄付者には、〝かつて〟ノーベルで病児保育を利用していた人も多い。自分の子どもに病児保育が必要な時期が過ぎたにも関わらず、会員として残り、会費を納め続けてくれている人までいるそうだ。次

働く先輩おかんのリアルなノウハウが詰まった冊子『働く!!　おかん図鑑』（提供：ノーベル）

の利用者のために病児保育を定着させようとして支えてくれているのだ。

●大阪マラソンが新たな支援の窓口に

ノーベルが今力を入れているファンドレイジング活動の一つに、大阪マラソンのチャリティーランナー事業がある。大阪マラソンは出場希望者が膨大なため、抽選から漏れて参加できない人も出るほど人気の大会だ。ただし、抽選に漏れた人には、指定されたＮＰＯへの寄付を集めることで出場権を取得する方法がある。２０１５年10月26日に開催された第5回大会[*4]では、４３２人がチャリティーランナーとして参加した。ノーベルは、寄付先として選択することのできる指定ＮＰＯの一つになっている。

チャリティーランナーは、JapanGivingのプロジェクトページで少なくとも7万円の寄付金を集める必要がある。出場権の取得が主目的なのだろうか、なかにはランナー本人が全額支払っているものもあるが、

「ノーベルを選んでくれた時点でとても嬉しいし、そういうチャリティーの形があって良いと思います」

と高さんは語る。

一方、数千円ずつを沢山の人から寄付してもらって、7万円の目標金額を達成しているランナーもいる。東京都の大学生・木村萌香さんは、そんなランナーの一人だ。実は、木村さんの家も母子家庭だそうだ。大阪マラソンには、大会公式テーマソングを歌う「コブクロ」のファンであることから、前大会に続いて申し込んだが抽選から漏れてしまった。どうしても出場したいと思い、チャリティーランナーとしての出

場を検討した際に初めてノーベルの存在を知ったという。自分が大会に出るために寄付を集めることに当初は違和感を覚えたそうだが、友人が背中を押してくれたことや、自分を一人で育ててくれた当のお母さんがとても喜んでくれたことで払拭されたそうだ。JapanGivingの木村さんのページには、同じように母子家庭で育った人たちの応援メッセージが並ぶ。最終的に25人から支援を受けて、7万3000円を集めた。

●病児保育を「自分ごと」に

利用者のお母さんたちから大阪マラソンのチャリティーランナーまで、ノーベルには寄付をしてくれるような支援者だけでなく、寄付を集めてくれるような支援者もいることがわかる。この体制は多くのNPOが実現したいと願う一方で、なかなか実現できずにいるものだ。秘訣は何だろうか。

高　病児保育って言葉は堅苦しいけど、皆さんの「自分ごと」になりやすいものだと思うんです。たとえば、自分自身は母子家庭で育っていなくても、友人の家庭がそうだったとか。結婚していない人も、上司が子どもを迎えに行く・行かないで、奥さんとケンカしているとか（笑）。

病児保育の抱える課題が、ほかのたくさんの社会的な課題と根っこのところで繋がっていることも大きいと思います。病児保育はそれ単独の問題ではなくて、生活保護や子どもの貧困といった問題と密接に関わっていますから。多くの人の問題意識とリンクして、ノーベルにも興味や関心をもってもらえるんじゃないでしょうか。

ただ、「自分ごと」になりやすいような工夫もしている。

高　大学生の前で講演をするときに、「病児保育」というキーワードだけを出しても最初はピンと来てもらえないんです。それを、「皆さん、卒業後働きますよね。将来、結婚をするだろうし、子どもも欲しいですよね。でも、働き続けるのって実はとても難しいんですよ」と話すと反応が全然違ってくる。

「自分ごと」になりやすいメッセージは、世代世代で異なるだろう。大学生には先述のような語りかけが有効かもしれないし、また別の世代には『働く!! おかん図鑑』のような冊子が響くのかもしれない。

ノーベルの広報物を見ると、ホームページやパンフレットにそれぞれ異なる工夫が施されているのが伺える。そのような繊細さが共感の拡がりを生む秘訣かもしれない。

ノーベルスタッフの皆さんと高さん（前列右端）、北村さん（後列左端）

高　病児保育をテーマにしたＮＰＯだからといって、支援してくれる人のほとんどが女性というわけではありません。大阪マラソンでは、ノーベルのために寄付を集めて完走できたら彼女にプロポーズするんだ、という男性もいました。結婚を意識されたことで、ノーベルを選んでくださったんじゃないかな。

私たちのビジョンに共感してもらえるのは嬉しいし、そのタイミングやきっかけは人それぞれで違うものですよね。

このような間口の広さもまた、共感の拡がりを生む秘訣の一つだ。

〈注〉
＊１　厚生労働省（２０１２）「平成23年度全国母子世帯等調査結果報告」
＊２　日本の認定ＮＰＯ法人。２００４年４月に、駒崎弘樹さんによって設立された。訪問型病児保育・障害児保育・小規模保育などの事業を行っている。http://florence.or.jp/
＊３　２０１２年５月に刊行された小冊子。制作には、株式会社電通にあるコミュニケーションデザインチーム「おかんカンパニー」が携わった。１００名以上に実施したアンケートやインタビューをもとに、「子どもの病気　のりきり術」などをコミカルに紹介している。定価３００円。http://nponobel.jp/case/okanzukan/
＊４　２０１５年10月26日付の読売新聞・朝刊（大阪版）に「大阪マラソン２０１５　伝えたい感謝」という記事が掲載されている。その記事に、チャリティーランナーとして第５回大会に参加した複数名の声が紹介されており、その中には後述の木村萌香さんの紹介もある。

		- category	アート

- episode

会田誠の展覧会づくりに参加しませんか？

1400人の個人協賛が支えたアーティストの反骨心

- project

名称	平成勧進プロジェクト
手段	展覧会公式ウェブサイト
分野	アート
調達期間	344日間
調達金額	3000万円
目標金額	—
支援者数	1400人

- interview

片岡真実さん

森美術館チーフ·キュレーター

(かたおか·まみ)ニッセイ基礎研究所都市開発部文化·芸術プロジェクト担当研究員、東京オペラシティアートギャラリー·チーフキュレーターを経て、2003年1月より現職。2007年から2009年までヘイワードギャラリー(ロンドン)のインターナショナル·キュレーター兼務ほか、海外の展覧会等でゲストキュレーター、アーティスティックディレクターを務める。

- text　山本純子

森美術館（東京・六本木）で２０１２年11月17日から２０１３年３月31日まで開催された「会田誠展：天才でごめんなさい」。現代の日本アート界を牽引するアーティストの一人、会田誠さん[*1]初の大規模個展である。

森美術館は、本展覧会開催前の２０１２年４月より、インターネットを通じて展覧会実施費用のサポートを一般から募る「会田誠：平成勧進プロジェクト」を開始した。本プロジェクトは展覧会の会期終了時期となる２０１３年３月末まで実施され、結果集まった資金は約１４００人から約３０００万円。通常、企業からの支援や公的機関からの助成によって開催される美術館の展覧会に「個人からの少額支援」という新しい資金調達手法を導入したのみならず、結果としても大きな成功を残した本プロジェクトに関して、森美術館チーフキュレーター片岡真実さん、当時マーケティングを担当していた西山有子さん、森美術館広報の瀧奈保美さんにお話を伺った。

●組織の意志ではなく、個人の意志であれば支援ができる

「もともと、会田誠の作風から言って通常のように企業からスポンサーを集めることは難しいと感じていました。企業からの支援は集まらないに決まっているだろうと」。展覧会の企画者である片岡さんは開口一番このように語る。展覧会場やウェブサイトに「本展には、性的表現を含む刺激の強い作品が含まれています」という注意書きが掲示されていることからもわかるとおり、会田誠さんの作品は時にエロティ

ックでありグロテスクである。企業からの協賛は望めそうにない。ではどうやって資金を集めようか。

会田さんはちょうど展覧会の前年となる２０１１年10月から Twitter を始め、その語り口がすぐに話題を呼びフォロワーを増やした。また、翌11月にメディアジャーナリストである津田大介さんと「境界を越えた表現者たち〜表現者はアーティストだ！〜」と題した新しい表現とソーシャルメディアに関するトークイベントに参加。それらを通じて、同年の東日本大震災後に大きく発展していったソーシャルメディアと、そこを通じて個人をサポートする機運、そしてその重要性を片岡さんたちも感じていたという。そうした背景のなか議論を進めていくうちに、自然と「個人」にサポートしてもらおうという考えに向いていった。

片岡　企業の決定というのは、組織全体としての集合的な決断です。そして、営利企業のスポンサーシップとしては、会田誠のような作風のアーティストはなかなか支援対象になりにくい。しかし、組織としてではなく一人ひとりの意志だったら自由にサポートできます。彼のファンがいっぱいいることは知っていたので、

森美術館「会田誠展：天才でごめんなさい」公式ウェブサイト

個人に参加してもらう方法を試すには絶好の機会ではないかと思いました。

また、同時に進められていた展覧会のＰＲ計画の点から見ても、展覧会オープンに先んじて資金調達プロジェクトを実施することで、通常展覧会のＰＲを始める3カ月前より早い段階で展覧会の告知ができる利点があると考えた。

森美術館からの本提案は会田さんのマネジメントを担当する「ミヅマアートギャラリー」も賛同、２０１２年2月頃から本格的に「平成勧進プロジェクト」実行の準備が始まった。

●「支援してください」ではなく「展覧会づくりに参加しませんか」

展覧会公式ウェブサイト内にある平成勧進プロジェクトの説明を読むと一つの特徴に気がつく。それは、「本プロジェクトは、アーティスト、鑑賞者、美術館の従来の枠組みを越えて展覧会づくりを盛り上げる、インターネットを活用した参加型プロジェクトです」と銘打た

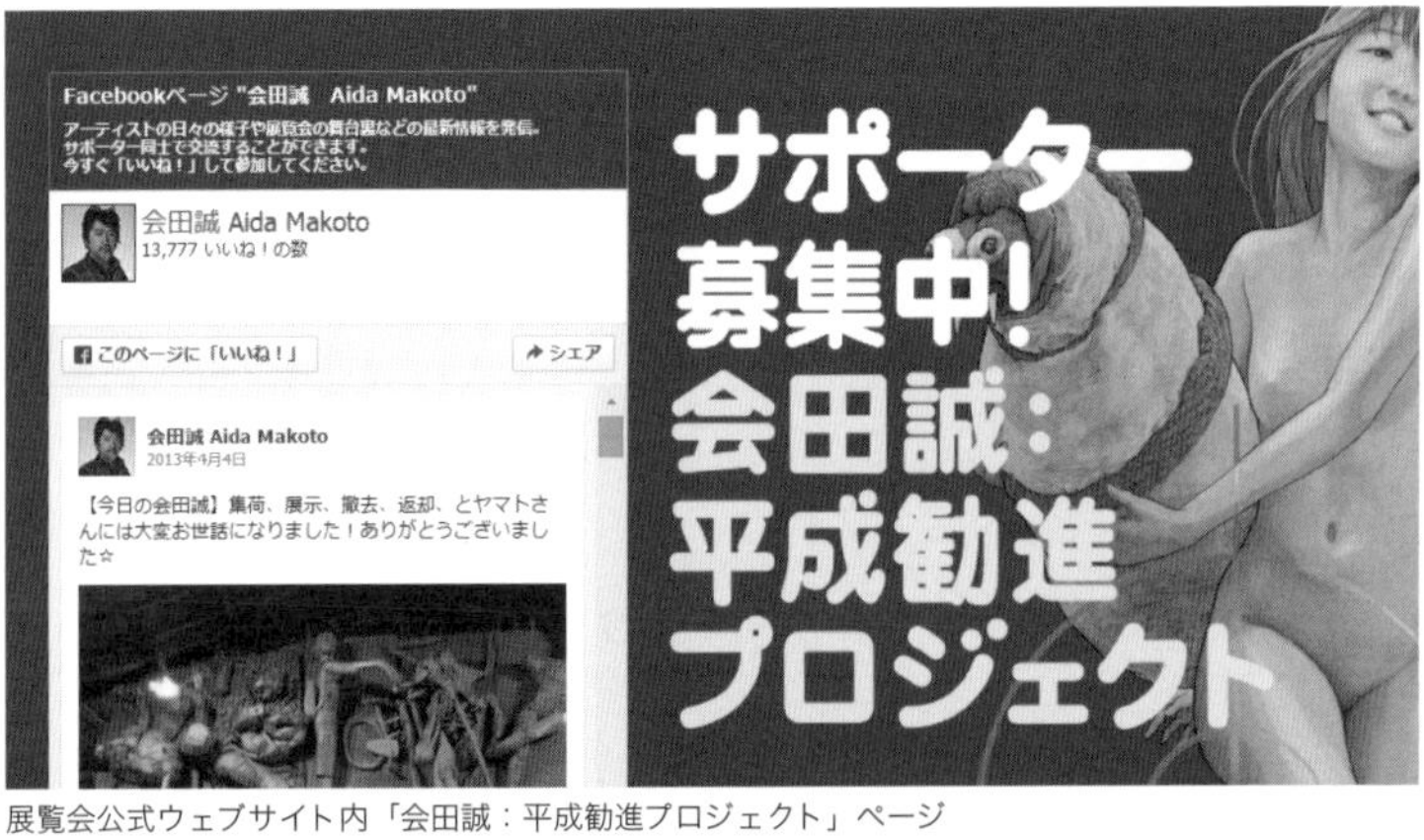

展覧会公式ウェブサイト内「会田誠：平成勧進プロジェクト」ページ

れているとおり、全体を通じて「実施／制作のための支援のお願い」というトーンではなく、あくまで「主旨に賛同するのであれば参加しませんか」という姿勢であることだ。単に個人から資金を集めるのではなく、本展覧会や森美術館の活動を応援してくれる人たちとともにつくりあげていく展覧会にしたい。ゆえに、サポーターへの特典も展覧会用に制作された新作の一部や複製を共有するものでないと意味がないと考え、会田誠の新作の一部を抽出した限定エディション作品、限定マルチプル作品を中心に設定した。

西山　会田誠が本展のために新作を制作していましたが、それらは、展覧会が開幕しないと観ることができません。そこで、新作の下絵の一部を抽出して限定エディションをつくり、サポーターに提供することにしました。限定エディションはプロセスを共有する証であり、この下絵がどんな作品に仕上がるのか、ぜひ観にきてほしいという、作家と美術館からのメッセージです。

これらの作品に加え、実際に準備された特典は次のようなものだ。本プロジェクトで特徴となるのはサポーターに対する支援額が、１万５０００円もしくは50万円という２択の高額なカテゴリーのみに設定されたことだ。通常クラウドファンディングを実施する場合、多くのプロジェクトは数百円単位からサポートすることができ、また資金提供額に応じて複数の、多いときには10段階以上のカテゴリーが準備されることも少なくない。それに比べると今回の、支援額は１万５０００円と50万円２種類のみという設定は

「少額ならば」と考える人々からの支援を失うリスクがある。にも関わらずこのような設定にした理由はまず、複製であるとはいえ会田誠の新作の限定作品が提供されるため、数百円〜数千円という金額設定はしづらかったという点が挙げられる。加えて片岡さんは、目標金額を見据えたうえでの現実的な決断であったと語る。

片岡　目指しているゴールがたとえば１００万円だったら、３０００円などのカテゴリーをつくってもよいのかもしれません。でも、私達は３０００万円という高額を目指していました。会田誠のファンがどのくらいいるのかもだいたいわかっていたので、そういった少額のカテゴリーは考えにくかった。

１万５０００円と50万円の間、20〜30万円のカテゴリーをつくったらよかったのではないか、と言われたこともあるけれど、これも決断の問題ですね。その価

サポーターの種類	特典
1万5000円 （1500口限定） ※10口まで申込み可	①サポーターとして名前をクレジット※匿名・掲出しないことも可 ・「会田誠：平成勧進プロジェクト」参加者ボード（森美術館内に設置） ・森美術館ウェブサイト ②限定エディション作品 「会田誠展」のための新作大型絵画の一部を抽出した限定エディション作品（A3サイズ、プリント作品、エディション1500） ③「会田誠展」招待券（2枚）
50万円 （50口限定） ※複数の申込み可	①サポーターとして名前をクレジット※匿名・掲出しないことも可 ・「会田誠展」カタログ ・「会田誠：平成勧進プロジェクト」参加者ボード（森美術館内に設置） ・森美術館ウェブサイト ②限定マルチプル作品 《考えない人》（FRPに塗装、高さ50cm、エディション50） 「会田誠展」のための新作大型立体（当時制作中）の限定マルチプル作品 ③「会田誠展」オープニングレセプション・内覧会へご招待 ④「会田誠展」カタログ1冊 ⑤「会田誠展」招待券（10枚） ⑥会田誠ドキュメンタリー映画特別上映会へご招待

2種類のリターン設定としてのサポーター特典

格帯のカテゴリーがあったらもっと支援が集まっていたかというのは今となってはわかりませんが、常々、ほかのクラウドファンディングのプロジェクトを見ていて、カテゴリーが細かくて複雑すぎると感じていたので、2種類に絞ってよかったと思っています。

●「クラウドファンディングをやっている」というPRの重要性

こうして約3カ月の準備期間を経て、「平成勧進プロジェクト」は2012年4月にウェブサイトをオープン。本プロジェクトは告知開始から2013年3月の展覧会の会期終了まで、約11カ月間となる長丁場のプロジェクト。連日たくさんの新規プロジェクトが立ち上がる昨今の状況で、忘れ去られることなく、それだけの長い期間を実施する際の心得として、片岡さんは継続的なPRの重要性を何度も挙げている。

片岡　今や、クラウドファンディングのプラットフォームでプロジェクトを立ち上げるだけでは発見してもらえるという確証はありません。ですから、今回は自分たちで特設のウェブサイトをつくりましたし、プレイベントも含めてPRにはそれなりにコストをかけました。成功するには、そのくらいの投資はした方がいいのだろうなと思ってます。これまでアート分野でのクラウドファンディングというと、アーティスト個人が自分のプロジェクトをやりたいので支援してください、というタイプが多かったと思うのですが、その場合は（費用をかけてPRするというのではなく）自身でコンセプトやプロジェクトの主旨を直接伝えて、それに賛同した人たちが少額ずつ支援する、というやり方でよいと思います。でも、美術館が主体でクラウドファンディングを実施するとなると「なぜ、(組織である) 美術館に支援しなくちゃならないの」という見方をされることもある。そういったことを超えて支援してもらうには、ある程度総合的な大きなプロジェクトにしてPRしていかないと難しいのかなと感じています。以前、海外の美術館で行われた同じような事例でも、クラウドファンディングをしていること自体のPRが追いつかなくて、失敗していた。PR部門やマーケティング部門とともに、館全体で盛り上げていかないと難しいと思いますね。

平成勧進プロジェクトのPRも、展覧会公式ウェブサイトのオープンと同時に始まった。まずは2012年4月に開催された「会田誠展」のプレイベント「六本木アートカレッジ・セミナー『会田誠の世界』」にて、平成勧進プロジェクトを発表。当日設置した窓口から、早速支援を申し込んだファンもいた。あわせて専用の Facebook ページを開設し、プロジェクトの経過を随時報告。プロジェクトのことだけでなく、写真付きで会田誠の日常を紹介する「今日の会田誠」を定期的に更新し、1万3000件以上の「いいね」が集まる人気ページとなった。また、同年の会田誠さんの著作『美しすぎる少女の乳房はなぜ大理石でできていないのか』(幻冬舎) 発売や、渡辺正悟監督による会田誠のドキュメンタリー作品「駄作の中にだけ俺がいる」公開の際も、お互いの宣伝ツールやPRのタイミングで、展覧会、著作、ドキュメンタリー、そして「平成勧進プロジェクト」すべてが告知されるように、戦略的に協業を打診したと瀧さんは話す。こうしてさまざまなメディアに掲載されたことで、そもそも会田誠さん自体がより一般的に知られるようになり、確実に支援参加へのフックになったという。

さらに展覧会が始まってからは、完成した新作とともにサポーターの名前入りボードを会場に貼り出したうえに、展覧会場にカウンターを設置、その場で申し込めるような工夫もし、さらなる参加を促した。

西山　展覧会が始まった後も支援を受け付けていたのですが、会期中の方がより支援が集まりました。開幕して展覧会の記事がたくさん出ると、協力してくれる人が増えました。また、実際に美術館に足を運んで新作を観て良いと思った、だから協力したいという人もたくさんいました。

こうして約1年弱実施した平成勧進プロジェクトは冒頭でも述べたとおり、約3000万円という当初の目標を達成し、現時点での日本の事例としてもトップクラスの実績をおさめることになった。最終的なサポーター数は約1400人。本プロジェクト期間中、サポーターからは日々応援メッセージが送られており、そのメッセージは今もウェブ[*2]でみることができる（2016年3月現在）。

●クラウドファンディングに向いているアーティストとは

本プロジェクト成功の大きな要因として、もう一つ忘れてはいけないのは資金調達の対象となる展覧会が会田誠さんの個展であったということだ。片岡さんも西山さんも、「会田誠だからクラウドファンディングで資金調達できた」点を指摘している。これには二つの要素がある。一つは、会田さんがすでにアート業界の中で高い評価を得、ファンも大勢いるアーティストであるということ。特に数千万円単位での資金を調達する場合、作家としての認知度、信頼感、そしてなによりも作品の価値が資金調達のやりやすさ、結果を左右することは否めないと西山さんは語る。それに加えて、冒頭にも述べた会田誠さん自身のTwitterでの人気、書籍や映画など別分野でのＰＲ、毎日チェックしたくなるような、アーティスト自らの情報発信は欠かせない。それらが参加のムードを醸成し、彼のファンやアートに詳しい人以外の、幅広い層からも支援を得ることができたそうだ

もう一つは「大きな額のサポートよりも、少額を大勢の人からという支援のあり方の方がよりふさわしいタイプのアーティスト」がいる、という点。これに関して片岡さんは、「会田誠のように際どい表現をすると思われていたり、政治的な傾向の強いアーティストは企業、地方自治体が支援することが難しく、ゆえになかなか大口で支援をもらうことはできません。でも、だからこそ彼らが自分たちの意見を代弁していると思う人々は大勢いるのです。そういったアーティストは個人として意思を反映できるクラウドファンディングが向いていると思います」と語る。

●個人が作品を大事に思う気持ちの可視化

「クラウドファンディングは美術館にはまさにぴったりの仕組みだと思います」と話す西山さん。今回の「平成勧進プロジェクト」を通じて、プロセスを共有し作家や作品をもっと理解したい、作品を大事にしたい、これからも応援したいと思う多くの人の存在を実感することができたそうだ。その経験を踏まえて、今後クラウドファンディングを実施したいと考えているほかの美術館や芸術団体には、お金を集めることだけが目的ではないことを伝えたいという。

西山　たとえば、３０００円出してくれる人が１００人集まり30万円の資金を得られたとします。金額だけを見れば大した額ではありませんが、美術館の活動に賛同し、なおかつお金まで出そうという人が１００人もいたと考えてはどうでしょう。団体や組織だけでなく個人にも支えてもらう機会ができたわけです。この１００人とコミュニケーションをさらに

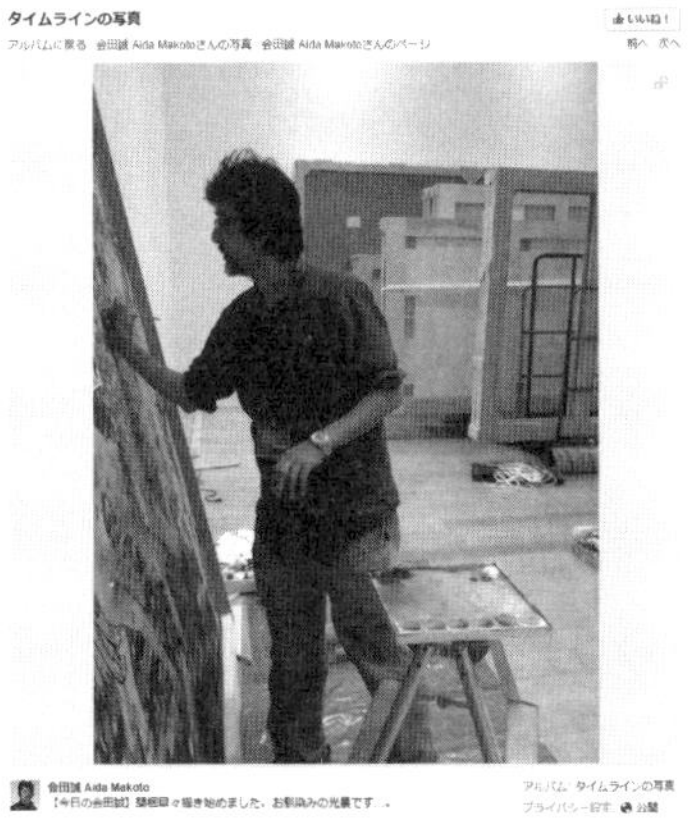

展覧会スタッフによる会田誠氏 Facebook ページへの投稿。オープンな制作過程はクラウンドファンディングと大変親和性が高い（出典：会田誠氏 Facebook ページ【今日の会田誠】より）

深めていくことも、彼らを通して人的ネットワークを広げることもできる、大きな可能性をもった人たちというわけです。

そもそも美術館の活動は、多くの人に支えてもらわないと継続しないものです。それは資金面だけではなくて、さまざまな形があります。期待どおりの成果はでにくいかもしれませんが、美術館という活動の特性を踏まえて、戦略的にこの手法を活用することをお勧めします。

平成勧進プロジェクトを機会に、サポーターたちがほかの現代アート作品やアーティストに対しても一層関心をもち、美術館に足を運んでくれることを期待したいと語った西山さん。今のところ、今後開催の展覧会でクラウドファンディングを利用する予定はないそうだが、本プロジェクトに賛同しプロセスに参加したサポーターたちが「森美術館のサポーター」としてどう発展していくか楽しみだ。

〈注〉

＊1 美少女、戦争画、サラリーマンなど、社会や歴史、現代と近代以前、西洋と東洋の境界を自由に往来し、奇想天外な対比や痛烈な批評性を提示する作風で、幅広い世代から圧倒的な支持を得ている。国内外の展覧会に多数参加。

＊2 「会田誠：平成勧進プロジェクト」応援メッセージ　http://www.mori.art.museum/contents/aidamakoto/supporter/comments.html

- category 途上国

- episode

ケニアの診療所を存続させたい

456人の新オーナーが子どもたちの命を救った

- project

名称	閉鎖の危機にあるケニアの診療所を存続し 1万人の患者を救いたい
手段	READYFOR
分野	途上国支援
調達期間	75日間
調達金額	871万2000円
目標金額	240万円
支援者数	456人

- interview

宮田久也さん

NPO法人チャイルドドクター・ジャパン理事

(みやた・ひさなり) 1976年生まれ。NGO職員・社会起業家。立命館大学法学部卒。ケニアのナイロビで、医療支援を目的とするNPOチャイルドドクター・ジャパンの現地代表を13年にわたり務める。

- text 佐々木周作

途上国のやせ細った子どもの写真の上に、「募金に協力してください」というメッセージの記されたパンフレットやホームページ、ウェブのバナー広告を見たことがある読者はきっと多いだろう。『寄付白書2015』[*1]（日本ファンドレイジング協会、2015年）を見ると、2014年に寄付をしたことのある人の約1割が、国際協力や国際交流の分野の活動や団体に寄付をしている。これは、緊急災害支援の活動に次いで大きい値だ。日本人である私たちは、海外の課題解決に奔走する団体に多くの寄付をしてきた。

UNICEF（国連児童基金）・UNHCR（国連難民高等弁務官事務所）などの国際機関から草の根的なNPO・NGOまで、この分野の活動主体は多岐に渡るが、大半の団体にとって各国で集められる寄付は重要な活動資金だ。

●円安がもたらした途上国支援NPO・存続の危機

2013年から続くアベノミクスに総称される経済政策とそれに伴う円安傾向が、日本に軸足を置きながら海外で活動するNPO・NGOの財務状況に打撃を与えていることは案外知られていない。円安が進むと、日本で集められた寄付金を現地通貨に両替する際に大きく目減りしてしまうからだ。彼らが支援する国のなかには経済発展が進みインフレ状態にある国も多いため、今までどおりに100万円の寄付金を集めても、体感として半分くらいの価値しかもたなくなっているという。

もちろん、NPO・NGO側も経営努力として、為替市場の変化を織り込んだうえで活動すべきだし、実際に多くの団体はそれを心がけてきた。しかし、２０１２年には米ドルに対して80円だった相場が、２０１５年には１・５倍の１２０円を超える水準にまで上昇した。短期間でのこれほどの変化は多くの団体にとって想定外であり、そのために活動停止を余儀なくされる団体も少なくなかったという。

宮田久也さんが理事を務める「特定非営利活動法人チャイルドドクター・ジャパン」（以下、チャイルドドクター）は、この13年間、１年あたりのべ１万人を超えるケニアの子どもたちに医療サービスを提供し続けてきた団体だ。そのチャイルドドクターも昨今の急激な円安により現地の運営費が大幅に減り、単月の決算だと赤字に陥ってしまった。この状況が続けば現地の診療所を閉鎖する決断も避けられない、そんな事態だったという。

今回紹介するのは、この危機を乗り越えるために、宮田さんたちチャイルドドクターのチームが挑戦したクラウド

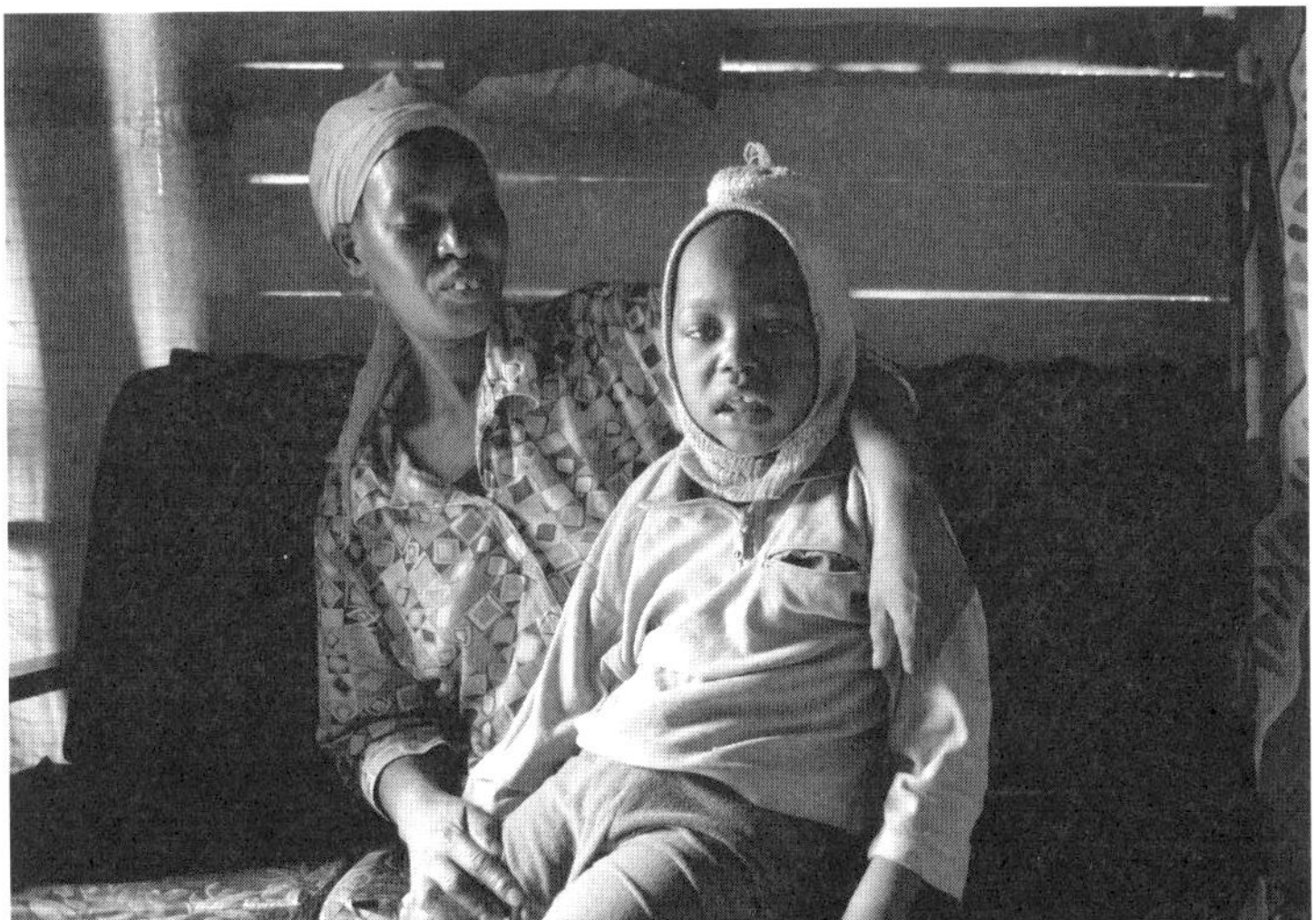

宮田さんたちが活動を行うケニアには、深刻な貧困のなかで病気とたたかう大勢の子どもたちがいる

ファンディング・プロジェクトだ。

●スラムの子どもたちに無料で医療サービスを届けたい

チャイルドドクターの事業には、大きく分けて3本の柱がある。最も中心的な柱が、スラムや孤児院で暮らす子どもたちや、慢性疾患を抱える子どもたちに医療サービスを提供する〈医療スポンサーシップ事業〉だ。トタン屋根と土間にナイロンシートを張っただけの床、トイレや水道もなく、周囲にどぶ水が溢れるような劣悪な環境で生きる子どもたちの多くは、たとえ重度の疾病にかかっていたとしても、手術代が支払えないことを理由に現地の病院から拒否され、ただ死が訪れるのを待つしかない。そのような社会的に弱い立場にある子どもたちを医療面でサポートする根幹の事業だ。次に、〈クリニック・エイズ支援事業〉。子どもたちの親がエイズで亡くなると、子どもたちの環境は一気に悪化していく。数百人のHIV感染者・エイズ患者に対して、検診、検査、カウンセリング、薬や栄養補助食の配布を実施している。親を支援することで、間接的に子どもたちを支える事業だ。最後の〈コミュニティーヘルス事業〉は、「人から助けてもらうだけでなく、自分たちの力で、自分たちの生活を改善し健康を守っていくことが重要だ」という考えのもと、病気の予防や健康促進活動を行う健康委員会の組織をスラムの人たちに促し、育成する啓蒙事業だ。

宮田さんたちの活動のなかで、医療スポンサーシップ事業は、「チャイルドドクター制度」と呼ばれる独自のシステムで集められた寄付金により、これまで成り立ってきた。

チャイルドドクター制度は、1000円から2000円の金額を毎月継続的に寄付する仕組みのことだ。〝申込みの際に、宮田さんたちが支援する子どもたちの一人とペアになること〟が大きな特徴である。不特定多数の子どもたちやチャイルドドクター・ジャパンという組織全体に寄付するのではなく、〝あなただからこそ助けられる〟一人の子どもを継続的にサポートしていくというものだ。

ペアになった子どもの家には、寄付者の名前が記された「無料診察券」が届けられる。その診察券を宮田さんたちの診療所に持参すれば、医療サービスを無料で受けることができるようになっている。一方、寄付者には、治療を受けられるようになった子どものお母さんから感謝の気持ちが綴られた手紙が届く。診療所のスタッフも、治療に訪れた子どもに薬を手渡す様子などを写真に収めて寄付者に届けてくれる。地理的にケニアは日本から遠く離れているが、毎月送られてくるメッセージを読むことで、自分自身の寄付により子どもの病状が回復していく様子を強く実感できるのだ。

チャイルドドクタークリニックのスタッフたち。過去10年で、のべ10万人以上の人々に医療を提供してきた

チャイルドドクター制度を利用する寄付者の数は、テレビの情報番組や雑誌での特集の追い風もあり、これまで順調に増加してきた。今や数千人規模になった寄付者は、ケニアの子どもたちに医療サービスを届ける宮田さんたちの活動を土台から支えてくれる大事な存在だ。

寄付者の数が増え、それに伴って寄付金も安定的に集められるようになったにも関わらず、2013年からの円安の波は、宮田さんたちを診療所・閉鎖の危機に追い込んだ。事業縮小とリストラによる対策を講じても、赤字が解消されない。診療所の閉鎖を真剣に検討せねばならない厳しい状況だったという。

しかし、「何度スタッフと話し合いを重ねても、皆の〝診療所を継続していきたい〟という気持ちは固く、変わりませんでした」と宮田さんは語る。13年もの年月をかけて年間1万人の子どもたちを診察できるまでに育ったチャイルドドクターの活動を、ここで途絶えさせてはならない。それは、これまでずっと寄付をし続けてきてくれた支援者の方々の願いでもあるはずだ。

新しく寄付を集められる仕組みが何かないのか、必死の気持ちで辿り着いたのがクラウドファンディングだった。

●「診療所のオーナーになれるなら、お金を出してもいい」

なぜ、クラウドファンディングだったのだろうか？　寄付金額を増加させたいのであれば、チャイルドドクター制度の利用者に支援額の増額をお願いする方法もあるはずだ。率直に質問すると、宮田さんは次のように答えてくれた。

宮田　すべての人が、チャイルドドクター制度で、寄付する喜びを最大限に感じてくださるわけではないからです。たとえば、私たちの活動を支援しようと思う方が10人いるとき、積極的にこの制度を使ってくださるのは、その半分くらいじゃないかと思います。

宮田さんがこの事実を認識したのは、ケニアから毎月送られてくるメッセージに必ず返信をする人とほとんど返事を書かない人、二通りのタイプの寄付者がいることに気づいた時だった。よく調べてみると、後者のタイプの多くは男性で、彼らはメッセージを受け取るだけで、自分から返事を書かない傾向があったという。

女性に喜びを一番強く感じてもらえる支援方法と、男性にとっての支援方法は大きく異なるのではないか。そんな疑問とともに心理学の教科書を読むなかで見つけた〝女性脳〟〝男性脳〟という概念が、宮田さんの疑問やチャイルドドクターの寄付者の実態をうまく整理してくれたそうだ。

宮田　だれかに寄付するかどうかを決める場面で、女性脳の人は、相手との近さや関係性の強さを重視するそうです。一方で、男性脳の人にとっては、何かを所有できたり、社会から認められたりすることの方が大事だと書かれていました。里親となって10年以上、毎月少額の寄付をする人と、自分の名前を冠した学校の建設費用に高額の寄付をする人では、喜びを導き出すトリガーが違っていたのです。

チャイルドドクター制度では、メッセージを毎月送付するなど、〝この子は私にとって大事な存在だ〟と寄付者に感じてもらえるための仕組みづくりに注力してきました。これは言ってみれば、寄付者と子どもの距離を縮め、交流の頻度を上げることで、関係性を強める方法です。

今の制度で満足感を十分に高めてもらえるのは、女性脳をもつ寄付者だけなのかもしれない。チャイルドドクター制度の利用者のなかには男性脳の人もいるだろうが、彼らには別の方法で支援してもらった方が満足感はずっと高まる可能性がある。

宮田さんがこの実感をさらに強くしたのは、男性の支援者たちにインタビューをしながら、追加寄付のお願いをしていた場面だった。「ボーナスがカットされているから難しいよ」と答える一方で、同じ人から以下のようなコメントも返ってきた。「診療所のオーナーになれるなら、お金を出してもいい」。

ここで最初の疑問に戻る。寄付金額を増やしたいと思った時に着目したのが、なぜ、クラウドファンディングだったのか？　それは、多種多様なリターンを提供できることが強みのクラウドファンディングなら、単に資金を集められるだけでなく、これまでの宮田さんたちのやり方では掴み切れなかった男性脳タイプの支援者の心を掴んで、彼らに満足感を十分に高めてもらえるのではないか、と考えたからだ。

●男性脳の支援者の心に響くリターン

クラウドファンディング・サイト「READYFOR」で立ち上げたプロジェクトの目標金額は、240万円。これは、6カ月間の事業費に相当する金額だ。

リターンの一つである「オーナー名刺」は、どうしたら男性脳タイプの人に喜んでもらえるかを徹底的に考え抜いてつくりだした、こだわりの品だ。診療所オーナーという肩書きと支援者の名前が記載されたその名刺は、普段名刺を渡すときに、ケニアの子どもを支援していることをさりげなく話題にすることを可能にしている。ケニアの子どものお母さんから届いたメッセージを相手に見せて、話題を振ることは難しいと感じる人も、名刺きっかけなら話しやすいだろう。

「クスリと笑えるくらいのリターンの方がいいかな、とも思っていました」と宮田さんは語る。確かに、仕事の名刺を当然受け取ることになるだろうと思っているところにオーナー名刺を受け取れば、相手は驚くだろうし、笑みも混じる。名刺を渡す支援者側も、会話のアイスブレイク目的で、仕事用の名刺の下にオーナー名刺を忍ばせるなど、いろいろなコミュニケーションを試行できる。

オーナー名刺の例。肩書きはあえて控えめに。寄付者の温かさが伝わるイラストを大きく使った

笑いが混じる会話のなかで、支援の話を自然に紹介できるだけでなく、たとえば、相手もケニアの子どもへの支援に興味をもってくれたり、支援することの重要性を認めてくれたりするなら喜びは一層高まるはずだ。

男性脳の人といっても日本人男性にはシャイな人が多い。このオーナー名刺は、欧米でよく見られる肖像画や大きなネーム・プレートを掲げるようなリターンだと素直に喜べないかもしれない日本人の特性がうまく考慮された、見事なリターンに仕上がっている。

●調達金額を押し上げたのはチャイルドドクター制度・利用者のコメント

リターンに加えて、プロジェクトページの文章も入念に練った。「読み手の心に響くストーリー、具体的な数字で活動の意義を訴えること、そして何より宮田さんの熱い想いを出すことが大切です」とのアドバイスをREADYFORの担当者・田才諒哉さんから受け、男性脳・女性脳のことも意識しながら文章をつくり上げた。掲載する写真も時間をかけて選んだ。特に、トップ画とする写真には当初別のものを用意していたが、プロジェクトページ公開の5分前に田才さんから「やっぱりこっちの方が絶対良いと思います！」との電話連絡を受けたことで現在のものになった。最後の最後までこだわり抜いた。

万全を期して臨んだにも関わらず、２０１５年8月31日15時に公開されたプロジェクトページを見つめる宮田さんの心は不安でいっぱいだった。オープンから1時間、一人の支援者も現れなかったからだ。16

時を過ぎて一人支援者が増えたと思ったら、それがチャイルドドクターのスタッフだった時には、やっぱり、そんなに甘いものではないな、と思ったそうだ。田才さんからは、「3日間で目標金額の25％、60万円を集めましょう」と言われていたが、それも難しいかもしれないな、というやるせない気持ちとともに、クラウドファンディングを開始したことを知らせるメッセージを既存の寄付者の方々宛に送った。

しかし、目標金額の240万円は、それからたった3日間で集まった。「寄付者の方々にメッセージを送るや否や、ダダダダダッと皆さん寄付してくれたんです」と語る宮田さん。既存寄付者の支援が呼び水となったのか、新しい支援者の数も徐々に増え始める。最終的に456人にまで増えた支援者数のおよそ半分は、今回、初めてチャイルドドクターを支援してくれた人たちだという。

全体の約3割が新規支援者なら十分に合格ラインだと言われるクラウドファンディングで、今回、200人を超える初めての人たちに支援しようと思ってもらえた要因は何だろうか。宮田さんは、この結果を次のように解釈している。

こだわりぬいたプロジェクトページ（出典：READYFOR　https://readyfor.jp/projects/Owner-of-Clinic）

宮田　既存の寄付者でクラウドファンディングでも応援くださった方々が、プロジェクトページのコメント欄に、素晴らしいメッセージを残してくださったんです。「スタッフやご家族からの手紙に私の方が勇気づけられています。今後も支援を続けていきたいので、達成を願っています[*2]」とか。

皆さん、ケニアの子どもとのやり取りを楽しみにしてくださっているんだな、ということが実感できる、リアルな気持ちが綴られたコメントでした。

そして宮田さんは、「新しく支援してくれた人たちは、プロジェクトページの説明文というよりはむしろ、コメント欄を見て支援を決断してくれたのではないか」と語る。プロジェクトページの説明文は、言ってみれば宮田さんたちがアピールしたい部分を強調して書いたものであり、そこで書かれている活動や成果が本物かどうかは新しい支援者にはわからない。しかし、コメント欄を見て、既存の寄付者が心底チャイルドドクターの活動を応援しているのかどうかを確認できれば、その真偽も判断できる。

クラウドファンディングの必勝法として、開始直後は昔から繋がりのある人から支援を集めてスタートダッシュをかけよう、という話をよく聞く。しかし、昔から繋がりのある人が応援してくれるだけでは実は十分でなく、彼らが心底応援してくれているかどうか判別がつくことが大事で、それが新しい支援者の心を惹きつけるのかもしれない。

そう考えると、普段から、どういう態度で周囲と接しているかが重要なのだとわかる。宮田さんたちのケースも、チャイルドドクターのスタッフが通常業務で忙しいなか、撮影した子どもたちの写真やメッセージを寄付者にきちんと送っていたことが実を結んだのだと言える。そのことに気づいた宮田さんは、今回、改めて「ありがとう」の気持ちを内外のスタッフやボランティアに伝えたのだそうだ。

●「クラウドファンディングのおかげで、診療所は本当に救われた！」

３日間で２４０万円を達成した後、宮田さんたちは目標金額を倍の４８０万円に引き上げた。４８０万円集まれば１年間の事業費を賄うことができる。１年あたりのべ１万人もの子どもたちを診てきた活動を、また１年間継続することができる。その間に、より大きな為替変動にも耐えうる体制に転換することも可能だ。

新しい目標金額を設定する際には、田才さんといくらに設定すべきかを相談したという。一気に高い金額に引き上げたい思いもあったが、「支援者の方に、なぜこの金額を上乗せしたのかがはっきり説明できなければ、効果が高まらない」とのアドバイスを受けたことから、４８０万円とした。

４８０万円に引き上げた目標金額がまたすぐに達成された時には、さすがに宮田さんたちも驚いたという。次なる目標として、十数年アフリカの風や土埃に耐えながら頑張ってきた血液検査機器の買替え、超音波診断装置の購入を視野に入れ、目標金額を８５０万円にまで引き上げた。この時も、１０００万円ほどまで狙える勢いはあったが、支援者の方にしっかり説明するということを第一に考え、本当に必要としている金額だけを上乗せすることにした。

最終的な調達金額は、８７１万２０００円。診療所・閉鎖の危機に陥っていた宮田さんたちは、75日間の挑戦の結果、危機から脱することができただけでなく、新しい診断設備をも獲得することができた。10年以上継続してきたチャイルドドクターの活動を、またさらに10年継続するための礎を築くことができたのだ。

現在、宮田さんが直面している課題は、クラウドファンディングの新規支援者に、どうしたらチャイルドドクター制度の利用者になってもらえるかだ。しかし、これは「矛盾しているんです」と宮田さんは語る。クラウドファンディングは、女性脳の人向けの「チャイルドドクター制度」ではリーチできない男性脳の人に対して実施したものだったからだ。

それでも、男性脳の人にもチャイルドドクター制度のような継続支援制度にうまく移ってもらうことができたら、ＮＰＯ・ＮＧＯがクラウドファンディングを利用するメリットは一気に高まる。宮田さんたちだけでなく、クラウドファンディング・サイトの運営者たちと一丸になって立ち向かって行きたい課題だ。

〈注〉

＊1　日本ファンドレイジング協会（２０１５）『寄付白書２０１５』

＊2　２０１５年８月31日投稿の Shun Aoki さんのコメント。

- category 映画

- episode

未知を描き、対話を生む ドキュメンタリー映画づくり

共感が共感を呼ぶ、資金調達の連鎖

- project

名称	HERB & DOROTHY 50×50	「ハーブ &ドロシー ふたりからの贈りもの」を、世界に先駆けて日本で劇場公開! 実現のためのご支援をお願い致します	クジラを巡る世界的論争描く、日本人監督初の本格ドキュメンタリー映画
手段	Kickstarter	MotionGallery	A-port
分野	映画	映画	映画
調達期間	60日間	138日間	120日間
調達金額	$87,331（約664万円*）	1463万3703円	2325万円
目標金額	$55,000（約418万円*）	1000万円	1500万円
支援者数	730人	915人	1824人

- interview

佐々木芽生さん

ドキュメンタリー映画監督

（ささき・めぐみ）青山学院大学文学部仏文科卒業後、フリーのジャーナリスト、NHKのキャスター、レポーターを経て2008年、初監督作品「ハーブ＆ドロシー」、2013年に続編「ハーブ＆ドロシー２　ふたりからの贈りもの」を手がけ、現在は捕鯨問題の長編ドキュメンタリーを製作中。1987年以来NY在住。

- text　山本純子・佐々木周作

*2011年11月6日調達終了時の為替レート（$＝約76円）

２０１５年７月22日、日本のクラウドファンディング史に新たな１ページが加わった。朝日新聞社のクラウドファンディングサイト「A-port」で「クジラを巡る世界的論争描く、日本人監督初の本格ドキュメンタリー映画」と題し、気鋭の映画監督・佐々木芽生さんの新作映画の制作費援助の呼びかけに、２３２５万円の支援が集まったのである。この金額は当時の日本の調達額で９位、映画全体で３位、アニメを除けば１位という快挙だった。

クジラとイルカ問題にまつわる異文化間の理解という難しいテーマに取り組む佐々木監督。だが、なぜこのような難解なテーマの映画がこれほどの高額支援を集めることに成功したのか。今回のインタビューでは、佐々木監督が過去２回にわたり取り組んだクラウドファンディングの挑戦を経て、今回の「クジラの映画」での資金調達に臨んだ経緯についてお話

「クジラを巡る世界的論争描く、日本人監督初の本格ドキュメンタリー映画」プロジェクトページ（出典：A-port　https://a-port.asahi.com/projects/whalemovie）

を伺った。まずは過去に佐々木監督が撮った2本の映画「ハーブ&ドロシー　アートの森の小さな巨人（原題：Herb and Dorothy）」、その続編「ハーブ&ドロシー2　ふたりからの贈りもの（原題：Herb & Dorothy 50×50）」、そして続編の制作を支えた数多くの支援者たちの存在を紹介したい。

●映画制作には多くの人の助けが必要

今回のクジラの映画ように、佐々木監督のドキュメンタリー映画はいつも、隠れた事実に光を当てる。１９９２年に全米を驚かせたとある夫婦を追いかけた映画「ハーブ&ドロシー　アートの森の小さな巨人」。アメリカの国立美術館ナショナルギャラリーに２０００点に及ぶ現代アートコレクションを寄贈した奇特なアートコレクターがいて、しかもそれはプール付きの豪邸に住む大金もちではなく、小さなアパートで慎ましやかに暮らす、郵便局員の夫ハーブと図書館司書の妻ドロシーという老夫婦だったという話。その夫婦に惚れ込み、4年という年月を費やし彼らを追い続けたのが佐々木監督だ。フリーランスでＮＨＫの番組制作に携わりながら、地道に夫妻を撮り溜めたフィルムは合計70時間分にも及んだ。これらを一つのドキュメンタリー映画に仕上げたのが２００８年のこと。ハンプトン国際映画祭のドキュメンタリー最優秀作品賞など数多くの映画賞を受賞した。

そんな多くの反響を呼んだ1作目の公開から3年後の２０１１年、まだまだ二人の魅力を伝え足りない佐々木監督は続編制作の資金調達のため、クラウドファンディングに挑戦した。そして生まれたのが、

「ハーブ&ドロシー2　ふたりからの贈りもの」だ。２年にわたる挑戦で、佐々木監督は二つの高額資金調達を成功させている。アメリカで約８・７万ドル（約６６４万円、60日間で７３０人の支援）、日本で１４５０万円（約４カ月間で９１５人の支援）と、総額２０００万円近くの資金を集めたのだ。

続編のテーマは、夫妻が前作の映画で２０００点のアートを寄贈してから16年後、さらに膨れて収蔵しきれなくなったコレクションを〝50作品を一括りとして全米50州の各美術館に寄贈する〟「The Dorothy and Herbert Vogel Collection: Fifty Works for Fifty States（ドロシー&ハーバート・ボーゲル・コレクション：50作品を50州に）」というプロジェクトを追いかけるというもの。１作目では二人の人柄にばかりスポットライトを当てていた佐々木監督はこの時初めて、彼らのアートコレクションと〝美術館でちゃんと〟向き合うことになる。「彼らのコレクションの偉大さをきちんとわかってなかった。有名俳優を４年も追っかけて私生活を全部知っているのに、舞台上での演技の素晴らしさを全然伝えられていなかった感じ」と話す佐々木監督が、続編の制作に取りかかり始めたのが２００８年末のことだった。当時のＮＹでは日本より一足先にクラウドファンディングのブームが起こっていた。制作に没頭しながらも資金調達の目処が立っていなかった佐々木監督のもとにも、日ごろ付き合いのあるクリエイターの友人たちから、次々に支援依頼が舞い込むようになっていたという。

佐々木　私の場合、助成金の申請や企業支援など資金調達の手段を試した末に辿り着いたのが、今回のクラウドファンディングだったんです。続編の製作費を賄うため、アメリカでいくつかの文化芸術系の助成金を当たってはいたものの、基本的に〝新規性〟を支援する助成金や企業支援の枠組みではドキュメンタリーの続編は反応が鈍く、頭を抱えていました。ちょうどそのころ、友人たちがクラウドファンディングで資金調達を成功させていて、じゃあ私もやってみよう！と。

早速、挑戦への準備が始まった。以前プロジェクトを成功させた知人たちから受けたアドバイスは「専用のチームをつくること」。常時専属の見守役を置くことが重要だという助言に、準備段階から3人のチームを結成。2011年9月のプロジェクト開始に向けて、同年6月から3カ月間、リターンを何にするか、金額設定をいくらにするかなど、入念に検討を重ねる準備期間を設けることにした。2人の専属のスタッフを雇い、日夜集まっては緻密な枠組みを検討した。

●日本からアメリカへ波及した相乗的な盛り上がり

いよいよ2011年9月6日、プロジェクトページがオープンした。予定どおり知り合いからの支援が続々と集まる開始直後、支援を加速させる大きな出来事があった。「ある日スタッフミーティングを終えてメールボックスを確認したら、故障かと間違うほどの連続支援が入っていた」のだという。後からわかったのは、Kickstarter の〝ニュースレター〟「Projects We Love（三つの一押しプロジェクト）」に掲載され、プロジェクトページは知らないうちに更なる盛り上がりをみせていたのだ。同時進行中の数千件のプロジェクトのなかでも特に Kickstarter スタッフがお気に入りを選ぶというこのニュースレターは佐々木監督も日頃からチェックし、目を引く取り組みに感心してはよく支援していたという。

そうして順調に支援額を伸ばしていたかのように見えたが、目標金額まで2万ドルを残し、ある日ぱたっと支援の動きが止まってしまう。「中盤は何をやっても全く動かなくて、毎日サイトを見て、少し増えてはまた止まる様子に一喜一憂を繰り返す日々でした。精神的にも一番辛かった」と佐々木監督は話す。打開策に打って出たのはプロジェクト終了日まであと2週間のこと。あまりにも動かないので、日本に加勢を頼んだのだ。

「HERB & DOROTHY 50X50」プロジェクトページ（出典：Kickstarter https://www.kickstarter.com/projects/1960505270/herb-and-dorothy-50x50）

佐々木　当初の思惑としては、アメリカでの成功を実績に日本でも別のプロジェクトを立ち上げて、第二弾の資金調達に挑戦するつもりでした。だから本当は日本に応援要請はしたくなかったんです。しかしあまりにも危なかったので、意を決して日本の知り合いに支援を求めるメールを書きました。すると翌日、日本から一気に支援が集まり始めたんです。古い友人や1作目の時から応援してくださった方などたくさんの方に背中を押されて、なんとしても最後までやり抜こうと思いました。海の向こうからの支援のおかげで、2万ドルも不足する厳しい状況から一転、一気に目標額の5万ドルを突破していたのだという。

佐々木　この（「ハーブ&ドロシー2　ふたりからの贈りもの」）資金調達は、Kickstarterというものづくりのスタートアップを支援する媒体にとって、とても親和性の高いテーマでした。映画の主人公であるハーブとドロシーの、お金もちじゃないけど自分たちができる範囲で、若くて無名なアーティストの作品を買って支援するという二人の姿勢、それがクラウドファンディングとてとても似ているんです。

値段が上がった作品を数点売れば大富豪になれた。目利きの才能を活かしてアートディーラーになることもできた。でもそうせずに、1LDKのアパートで年金生活を送りながらアートを愛し続ける、その生き方に何より共感した佐々木監督のように、1作目のハーブ&ドロシーに感銘を受けた人たちはぜひ続編も応援したい、自分も彼らのようにだれかを支援したい、と思ってしまうのだ。

●毅然と取り組んだ2回目の挑戦

こうして、アメリカでの挑戦は２０１１年11月6日に見事目標金額（６８０万円）を達成。苦戦したものの、プロジェクトを無事成功させられたこともあり、当初予定していた日本でのクラウドファンディング挑戦も予定どおり行うことになった。２回目も初回同様、２０１２年10月の開始に向けて事前準備は入念に行う。前回同様、日本国内の事務局スタッフによって、プロジェクトページの運営のほか、イベント企画やメディア対応を担ってもらった。アメリカでの映画製作と日本での劇場公開、そして支援を呼びかける数多くのイベントへの登壇にと、１〜２カ月おきに日米を行き来する生活は想像以上に苦しいものだったという。中盤にまたしてもやって来た停滞期は、前回の経験から割り切って「何もしない」と決めていたといい、腹を括りアメリカに帰って映像の編集作業に没頭することで乗り切ることにした。

また2回目の挑戦で予想外に大変だったのが、決済関係の手続きだったという。アメリカでは決済も含めたすべてのコミュニケーションがオ

佐々木監督、夫ハーブと妻ドロシー

ンライン上だったが、日本の場合は年齢層が高いサポーターが多く、ネットやクレジットカードの所持を嫌う人たちのための別のフォローが必要だったのだ。だからこそ、佐々木監督は、制作の合間を縫って日本中を飛び回って地道にイベントに出向き、支援者候補の方に面と向かって呼びかけた。そうした地道な全国行脚が少しずつ実を結び支援額がじわじわと上がっていたなか、日本の挑戦で最も大きなうねりを生んだ出来事が、2013年2月6日の朝日新聞夕刊への掲載だった。

これを機に、二の足を踏んでいた多くの人にも〝安心して応援できるプロジェクト〟だと信用してもらえ、途端に全く知らない人たちからもオンライン上で支援の輪が広がりだしたという。

この時に知り合った多くのメディア関係者や高校の同窓生らとの交流が、3回目のクラウドファンディング・プロジェクトの布石にもなっていく。

●さまざまな支援者の支え

ここまで紹介したような少額支援を世界中から集める一方、もう一つ大事な仕事がある。高額支援者へのアプローチだ。日本での挑戦は、915人の支援者のうち11人が30万円以上を出資している。これらは

日本でのプロジェクトページ（出典：MotionGallery　https://motion-gallery.net/projects/herbanddorothy5050）

オンライン上での自然発生的な拡散に期待するのとは全く質が違う、と佐々木監督は話す。

目標額が大きくなればなるほど、当然綿密な計画が必要になってくる。「高額プロジェクトの戦略には、リターンの設定と高額支援者の獲得が本当に大事。計画しすぎることはない」と語る佐々木監督。そしてここでも佐々木監督は徹底して足で稼ぐ方法を選んだ。支援候補者リストを自分で作成し、周囲にも聞いて紹介してもらう。しらみつぶしに一人ずつ、会いに行ったり電話で話をした。全く興味をもってもらえないことも多くあったが、諦めずに連絡を続けていったという。どういったリターンを設ければ〝出資してみたい〟と感じてもらえるのか。相手が何をする人（企業）で、何に興味があり、どうすれば喜んでもらえるのかを事前にできるだけ調べ、会話をしながらも考える。これら地道なアプローチの成果として、6人の50万円支援者、3人の30万円支援者が現れている。

だが実はこの9人のうちの2人は、全く見ず知らずの人物による50万円の支援だったという。

佐々木　見ず知らずの人から50万円という信じられない高額がお正月に振り込まれていた時は、またいたずらかと思って見てみぬふりをしてしまったんです。というのも、Kickstarterの時に、いたずらに1万ドルを支援してすぐにキャンセルした人がいて、一喜一憂するという経験があったからです。そのあと「50万円を支援した者ですが……」というメッセージが入って慌てて返事をしました（笑）。

50万円のリターン、「ハーブ&ドロシーとのスペシャル食事会」を購入したうちの一人はごく普通のサラリーマンの方。日々の親御さんの介護で疲れ切っていた、大のハーブ&ドロシーファンである奥さんを何とか励ましたい、元気にしてあげたいというご主人から奥さんへの、心のこもったギフトだった。

また100万円の高額支援二つは、高校の同窓生の応援で集まっている。表参道のギャラリーでのトークイベントに来ていた五つ下の後輩が、ほかの同窓生にも声をかけ「ハーブ&ドロシー応援基金[*1]」というウェブサイトを立ち上げたのだ。彼の呼びかけは予想以上の広がりをみせ、結局217人から200万円を越える支援が集まった。プロジェクトページ内に、支援者自らが周囲に支援を呼びかけてくれる〝ミニ・クラウドファンディング〞なるムーブメントが起こったのだ。高額を達成するためには自分の代わりになって本気で応援します、集めます、と言ってくれる人の存在が欠かせないことがわかる。

●3回目、全く異なるテーマの映画に挑戦

かくして大成功に終わったハーブ&ドロシーの続編制作から5年。佐々木監督は現在、新作「ふたつのクジラの物語（仮）」という捕鯨問題をテーマにした映画を制作中だ。2010年、ドキュメンタリー映画「ザ・コーヴ」がアカデミー賞を受賞した年、その舞台となった和歌山県太地町の現地に飛び取材を始めた。アート業界で大きな反響を呼んでいた2作品から一転して、なぜ全く違うテーマを選んだのだろうか。

佐々木　ドキュメンタリー映画は、対立や憎しみを煽るのではなく、観客にとって未知の世界を描くことで健全な対話を促し、異文化への理解を深めるためのツールであるべきです。

２００９年にアメリカで公開された「ザ・コーヴ」のように、憎しみや衝突を招くような極端に偏った視点で描かれつつも、巧みなストーリーテリングで世界中にインパクトを与えたことは、同じドキュメンタリー映画に取り組んできた佐々木監督にとって大きな衝撃だった。４００年もの間クジラとともに生きてきた太地町の人々と、クジラやイルカを特別な動物と見て捕鯨に抗議する欧米の活動家たちが、この映画によって誤解や憎しみを深め合うだけではないか。もっとバランスを考えた公平な視点から、事実をありのままに映像に残したい、30年近くアメリカで暮らした日本人として、食文化や伝統、異なる自然観や価値観の衝突という視点から捕鯨賛成派と反対派の両方の声に耳を傾けたいと、佐々木監督は話す。

3回目のクラウドファンディングは、２０１５年3月に始まった。「クジラを巡る世界的論争描く、日本人監督初の本格ドキュメンタリー映画」と題し、朝日新聞社が運営するA-portで資金調達を開始した。

強い思いで臨んだ制作だったが、実は取材中も資金集めの最中にも多くの困難があったという。朝日新聞の取材記事が英文のネット記事になった途端、記事のコメント欄に殺到する否定的なコメントの数々。名指しの非難も浴び、なかには脅迫じみたものもあった。しかし「このような過激な反応があるからこそ、偏った情報ではなく、公平な視点の映画を通じてきちんとした情報発信をしなくてはならないことに気づいた」と佐々木監督。

佐々木　「映画」で人の考えを変えられるとは思いません。でも、ネットで流れる一過性の情報よりは、形に残る発信ができるはずです。ささやき声にしか聞こえないかも知れないけれど、ちゃんと人の耳に残るメッセージを伝えよう、と改めて思いました。

結果、1500万円という高額な目標金額をはるかに超えて見事2325万円が集まる。155％という達成率からも、社会的な関心の高さがうかがえる。支援者は捕鯨賛成の人が多いわけでなく、反対の人、どちらでもないがこの問題を憂慮しているという人もいるというから、その公平な姿勢が共感を呼んだのだろう。

また今回の挑戦では、企業スポンサー枠として100万円という高額支援の枠を設けた。「この微妙なテーマに支援をしてくれる企業がいるかどうか不安だった」というが、日本の企業2社が支援してくれた。外国と、ビジネスをする際に必ず避けて通れないテーマであることを理解して、いずれも経営者が即決で支援を決めてくれたという。

クラウドファウンディングなさってること最近知りました。ハーブ ＆ ドロシー～を撮られた佐々木監督であれば、また違ったクジラを取り巻く現状を写し取ってくれるのでは…と期待しております…！！わずかばかりながら支援したいと思います。

2015年07月20日 15:23:20

「ハーブ＆ドロシー」から伝わってくる人の優しさや温かさにとても惹かれました。これからも素敵な作品を作り続けてください。ずっと応援しています。

2015年07月22日 20:56:28

「クジラの映画」クラウドファンディング・プロジェクトに寄せられた支援者コメント。前作からのファンも多い（出典：A-port の支援者コメントより）

さらに、ここに実は、もう一つのエピソードがある。今回クラウドファンディング・サイトに選んだA-portは新聞社初のクラウドファンディング事業として注目を集めているが、何を隠そうこの事業を立ち上げた張本人が、「ハーブ&ドロシー2」からの協力者であった中西知子さんなのだ。佐々木監督のこれまでの挑戦を見守るなかで、クラウドファディングに大きな可能性を感じ、社内新規事業コンテストに応募したところ、最優秀に選ばれ、事業化することになったという。当然、佐々木監督の3度目のチャレンジは、A-portの立上げのプロジェクトとして華々しくお披露目され、またしても大成功を収めた。

佐々木　クジラやイルカ問題に対して、日本への否定的見方が圧倒的に多い欧米の関係者から、どのような反応が出るのかと不安でいっぱいだったのですが、逆に好意的な反応に驚きました。反捕鯨国である欧米にも、単純化した極論を鵜呑みにせず、事実をありのまま知りたいと思う人が想像以上に多かったことに気づき、勇気づけられたんです

２０１５年10月に東京で開かれた「Tokyo Docs」[*2]での反響を受けて、そう話す佐々木監督。ＢＢＣやアルテ、ディスカバリー・チャンネルなどの欧米、アジア、日本の放送局や映画関係者の前で本作のプレゼンテーションをし、映画完成前に最優秀企画賞を受賞した。全世界が注目する本作は、２０１６年に完成する予定だ。

●支援を求めることに、後ろめたさはいらない

数々のドラマを経てアメリカのKickstarterと日本のMotionGallery、A-portと複数のクラウドファンディング・サイトでクラウドファンディングに挑戦してきた佐々木監督。3度の成功を追いかけると、佐々木監督の成功への覚悟が生半可なものではないこと、そしてそれこそが周囲の人を動かす一番の起爆材であることがよくわかる。だから、クラウドファンディングではどうしても避けられない〝クレーマー〟の存在にも佐々木監督は動じない。

佐々木　クレーマーを恐れていたら何もできません。たとえばリターンの発送でミスが出たなら、その都度誠意をもって謝り、対応すればいい。人間だから完璧を目指しても失敗はするかも知れない。99人の善意を1人のクレーマーのせいで台無しにしてしまうなんてありえない。日本は〝失敗に対する許しがない社会〟です。一度の失敗も許されないと思ってしまう。そういう雰囲気が、あらゆる挑戦を尻込みさせてしまうのではないでしょうか。そうではなくて、他人の失敗を許すこと。そしてまず自分の失敗を許すこと。そうしないと新しいものは生まれないと思います。

不安や失敗を恐れる気持ちに囚われず、必ず成功させるという意志を強くもち続けること。当たり前かもしれないが、一番忘れてはいけないことを教えてもらった。最後に、これからクラウドファンディング

を挑戦する人に向けて、アドバイスをもらった。

佐々木　一つは、支援をお願いすることに後ろめたさをもたないことです。あなたのプロジェクトは、自分ひとりのものではない。世界の多くの人々と共有して、社会を少しでも良くするために役立つものでなくてはならない。そう信じられるプロジェクトでなければ、クラウドファンディングを成功させるのは難しいです。

二つ目は、支援金額によって、人を判断しないこと。クラウドファンディングを通して、人とお金の関係がとても良く見えてきます。仲良しの友人でも、何かの事情で少額しか支援してくれないかもしれない。いえ、もしかすると全く支援してくれないかも知れない。でも、お金との付き合い方は、人それぞれであることを理解して尊重しなくてはなりません。すると予想外の人が支援してくれたり嬉しいサプライズがたくさんある。

最後に、やると決めたら、何があっても挫けずにやりきろうと腹を括ることです。

〈注〉
＊1　https://sites.google.com/site/hd50x50fund/
＊2　日本やアジアのテーマを扱うドキュメンタリー映画作家に国際共同制作の機会を提供するフォーラム。

3

クラウドファンディングを読み解く

- text

山本純子

株式会社アーツ・マーケティング代表
（やまもと・じゅんこ）1974 年生まれ。慶応義塾大学卒業後、ゲーム会社マーケティング・マネージャー職を経て、独立。デジタル戦略の講演、コンサルティングなどを行う。著書に『入門クラウドファンディング』。

佐々木周作

大阪大学大学院経済学研究科博士後期課程
（ささき・しゅうさく）1984 年生まれ。京都大学経済学部卒業後、株式会社三菱東京 UFJ 銀行を経て現在に至る。専門は応用ミクロ計量経済学、行動経済学。日本学術振興会特別研究員。

まだ5年、だが急速に浸透しつつあるクラウドファンディング

山本純子

日本で「クラウドファンディング」という言葉が注目を浴びるようになって今年で約5年が経つ。その前身として、7年前の2009年に日本で寄付や社会的投資の文化を浸透させる目的で、NPO「日本ファンドレイジング協会」が設立。翌2010年に「クラウドファンディング」とは銘打たれていなかったものの、寄付型クラウドファンディング・サイトの先駆けであり本書第一章で詳しくお伝えしたJapanGiving（当時名称：JustGiving）がサービスをスタート、前述の日本ファンドレイジング協会も「ファンドレイジング・日本」というNPOの資金調達に特化したカンファレンスを初開催し（その後、年1回定期的に開催されている）、NPO関係者のなかで「ファンドレイジング」という言葉とその重要性、実践方法が少しずつ共有されていった。一方、国外に目を向けると同時期アメリカでは2009年にサービスを開始したKickstarterを中心に、クラウドファンディングが新しい資金調達手法としてクリエイターやアーティストの間で話題を集めていった。

そして5年前となる2011年。日本で機が熟したかのように、READYFOR、CAMPFIRE、MotionGallery、GREEN FUNDING by T-SITE（当時名称：GREEN GIRL）と、クラウドファンディングのサービスを提供する複数のウェブサイトが、Kickstarter の躍進にその可能性を感じていたであろう若い起業家たちによって立ち上げられる。折しも同年3月に東日本大震災で多くの地域、人々が多大な被害を受けており、復興のために何かしたいと考える人たちの資金集めの場としてこれらのクラウドファンディング・サイトは注目を浴びた。

ここから現在までの5年間で、日本でもクラウドファンディングは大きな成長と変化を遂げた。始まった当初は目標金額数十万円のプロジェクトがほとんどで、調達額100万円を超えるとそれがニュースになるほどだったが（2章で紹介したツクルバの事例は、最初期の成功プロジェクトの代表である）、2012年後半に佐々木芽生さんが実施したドキュメンタリー映画のプロジェクトは、当時の日本のクラウドファンディング調達実績から考えると〝破格〟の1000万円という目標金額を掲げ、結果1500万円近くまで集めるという実績を残し、一つの突破口を開いた。2013年には、大手IT企業サイバーエージェントの子会社がクラウドファンディング・サイト Makuake をスタート。初めて大手企業が参入したことで話題になった。この頃から、プロジェクト内容を特化したクラウドファンディング――たとえば、2章で取り上げた研究者のための academist、政治家のための ZIPANGO――も増え、日本のクラウドファンディング・サイトは把握できないほど生まれ、そして淘汰されている。近年は、パルコ（2014年12月）、朝日新聞社（2015年3月）、SONY（2015年7月）など大手企業が続々と参入し、1億円を超える調達を達成するプロジェクトが登場するなど、今も急速に市場は伸びている。

本書では、2009年から2015年まで、多彩なフェーズで行われた12のクラウドファンディング事例をお届けしている。実施した時の状況も含め、クラウドファンディングを始めた経緯や理由も、事例により全く違う。しかしながら、その流れる共通した〝何か〟もある。

●「クラウドファンディングはお金集めだけではない」

今回の取材を通じて、多くの人から頻繁に出てくる言葉があった。それは「資金調達だけのためにクラウドファンディングを利用したわけではない」こと。そもそも資金調達というより宣伝の場と考えていたというツクルバ・中村真広さん。お金を支援してもらうだけではなく、皆とつくりあげていく展覧会にしたかったと語った森美術館・片岡真実さん。クラウドファンディングは自分が今思っていることを伝え、それに賛同してくれる人と目標に向かっていく手段だと気づき、挑戦することに決め

図1　従来の資金調達のプロセス

た池田信太郎さん。クラウドファンディングを実施すること自体が、古生物学のアウトリーチ活動になると考えた山下桃さん……。どの人も、お金を集めること以外にできたことについて取材のなかで触れている。そして、そこがほかの調達手段にはない魅力だとも。クラウドファンディングにはなぜ「ほかの調達手段にはない魅力」があるのか。それを知る手がかりは、従来からある資金調達との違いにある。

●クラウドファンディングは今までの資金調達と何が違うのか

クラウドファンディングの定義であり、またＶＣ投資、銀行貸付、助成金、企業スポンサーなど従来の資金調達との違いはただ一つ、「専門家ではない一般の人々から資金を集める」ことである。それだけ聞けば、「資金提供者」が投資家、銀行、行政、企業（まとめて「専門家」と呼ぶ）から一般の人へ変わっただけのように思える。しかし、その変化は大きな違いを生み出す。

図1を見ていただきたい。資金調達はそもそも、なんらかのアイデアを実現するプロセスに必要なお金を集めることである。当たり前のこと

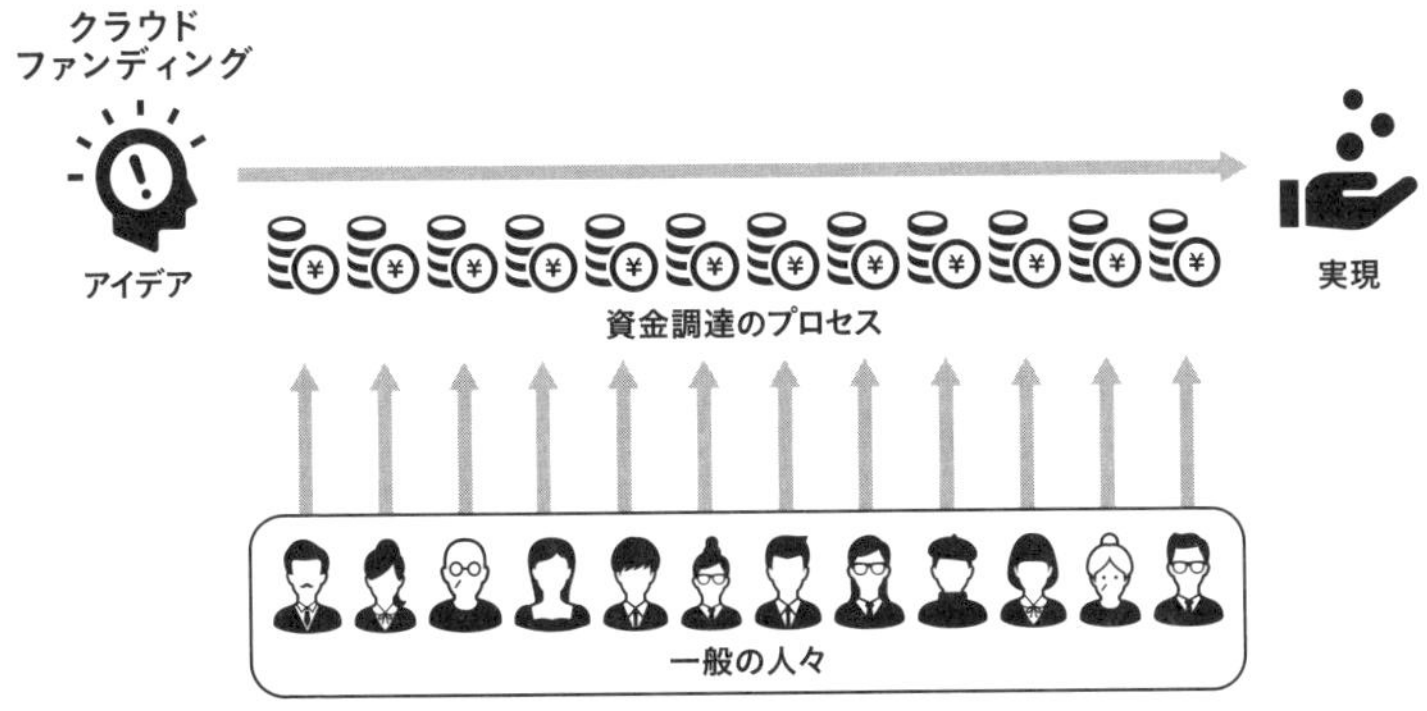

図2　クラウドファンディングによる資金調達のプロセス

だが、資金調達者にとってお金を得ることは目的ではなく、そのお金を使って新しい価値を生み出すことが目的だ。その「新しい価値」の恩恵に預かる人はだれか。それは「一般の人々」だ。従来の資金調達手法では、資金提供者と新しい価値を享受する人は別々であった。たとえば、ゲームを制作する場合、できあがったゲームを実際プレイするのはゲーム好きの人たちだが、ゲームをつくるプロセスで資金を出し、意見を言うのはゲーム・ビジネスに関心がある投資家や企業（もしくはそういった新しい価値の創出を支援する行政、財団など）である。彼らができあがったゲームをプレイするかは関係がないし、プレイしない人も多いだろう。そういった構図は、つくり手（＝資金調達者）の「最終的に手にする人にとってよいものをつくりたい」という思いと、「資金提供者が満足する（多くの場合売上を伸ばす）形にしなければならない」という二方向を満足させることを強いてきた。

しかし、「一般の人々」が資金提供者となるクラウドファンディングではその構造自体に変化が起きる（図2）。これまでアイデア実現〝後〟にしか存在していなかった価値享受者＝一般の人々が参入し、「資金提供者」と「価値享受者」が同じ人たちになる。アイデア実現のプロセスに直接関わった人々が、つくり手とともに新しい価値をつくりあげる、新しい構図が生まれるのだ（ただし、価値享受者と資金提供者は別になることもある。これに関しては後述する）。これまで、この「一般の人から一人少額ずつ資金を調達していく」という手法は時間的にも物理的にも非常にコストがかかり、非現実的であった。しかし、インターネットやSNS、そしてインターネット決済の普及が、その障壁を超え、多くの人と一度に知り合いコミュニケーションしていくことを可能にした。川村真司さんの言葉を借りれば「つくり手ではない人も制作に関与しながら、今までにない面白いものをつくりだす」という〝パラダイム・シフト〟が起こっている。ここが従来の資金調達手法と一線を画しているところであり、成功者が口々に述べた「クラウドファンディングのお金を集める以外の魅力」である。

●12事例のポイントを読み解く

〈①プロセスに参加するという特徴に注目した事例〉

ここで12の事例に戻ってみよう。

「一般の人々をプロセスから巻き込み、新たな価値を生み出す」というクラウドファンディングの特徴にいち早く気づき、自身の事業に取り入れたのがツクルバの中村さんだ。「クラウドファンディングは現象をつくるために皆がお金をだすというとても直接的な行為。建築のようなハコモノを、未来の利用候補者とコミュニケーションしながらつくるのはとても相性がいい」と述べている。中村さんはおそらく、潤沢な資金があったとしてもクラウドファンディングを利用したのではないか。なぜなら、今まで公共建築をつくる場合、私たちがプロセスに参加することはほぼなかった。が、クラウドファンディングでお金を払えば、これまでの「勝手に行政がつくるもの」が一気に身近になる。まさに、中村さんらが目指している「関係者による参加型の社会構築」だ。同様の視点が感じられるのが枚方市議会議員・木村亮太さん。

彼も、市政報告書の配布だけでなく「お金を出してもらうことで政治に関心をもってもらいやすくなるのではないか」という目論見もあった。大型の寄付だと「しがらみ」になる可能性もあるが、少額に設定すればその心配もない、という視点は、政治家ならではでもあり面白い。

〈②組織ではできないことが個人とつながることでできるようになった事例〉

組織ではなく一般の人々――個人とつながることで、今まで組織を通じては実現しづらかった商品開発を可能にしたのが〈Rapiro〉の事例だ。製作・流通コストをかけ大規模に売っていくモノをつくる場合、ある程度の市場と売上を見込めないと商品化はできない。でも、試作品段階でアイデアを見せて、欲しい人の数に応じて生産できるクラウドファンディングを利用すれば、今まで陽の目をみることができなかったものが実現する可能性がある。石渡昌太さん、杉山耕治さんたちが〈Rapiro〉で挑戦したこのスタイルは、いまやクラウドファンディングの王道とも言え、ここ数年で世界中から〝クラウドファンディング発〟のプロダクトがこの世に誕生した。

また、森美術館の事例も同様だ。議論を巻き起こす作品を次々と発表する会田誠さんのようなアーティストは企業や行政の支援が得づらいが、組織としてではなく一人ひとりの意志だったらサポートできる。そして、映画監督の佐々木芽生さん。条件の合う助成金が見つからず、一般の人々からの支援を受けることに目を向けた。研究者の山下さんも、研究の助成金獲得が難しい時代に古生物学に関心をもつ人から支援してもらおうと挑戦した。企業スポンサーや行政、財団からの助成などには、組織が資金を出す大義や理由に沿えないプロジェクトも、個人の支援は獲得できる可能性がある。

〈③ファンや応援してくれる人たちとともに新しい価値を生み出していく事例〉

PARTYの川村真司さんの活用は少し独特だ。「自腹で出してもいい規模だけど、もう少し資金があったら嬉しい。かといってどこかの会社に投資してもらうのではなく、クリエイティブの自由を担保しながらつくりたい」というプロジェクトに対し、自分一人で管理できるぐらいの規模の目標を掲げ制作費を調達していく。制作過程やアイディアのメモはできる限りオープンにし、クラウドファンディングのリターンはそのプロセスを共有できるものを準備するなど、ファンとともに新しいクリエイティブをつくりだしていくスタイルをとっている。池田さんも同様。最初はクラウドファンディングに否定的な印象をもっていた池田さんが一転、積極的に乗り出したのは、自分の言葉で自分の考えていることを伝え、長年あたためていたバドミントンのためのアカデミー創設の賛同者を募るツールとしてクラウドファンディングが役に立つと気づいたからだ。池田さん、山下さんほか多くの人が語っていたが「自分のことを支援してくれる人の存在を実感できること」は嬉しい。単なる「価値の提供側」と「受け手側」ではなくて、お金というツールを第一の媒介にしながら一緒に新しい価値をつくりあげていく。そのような楽しみがクラウドファンディングにはあるといえよう。

〈④「関わりたいけど関わり方がわからない」を可視化した事例〉

ここまで、資金調達をする側にとってのクラウドファンディングの良さを述べてきたが、資金を提供する側にとってもクラウドファンディングを通じて潜在的な欲求が叶えられることを見せてくれたのがFAAVO島根の事例だ。地域が出身者に地元を応援してほしい気持ちとは裏腹に、応援の仕方がわからないと話す人が多いなか、遠くに住みながら「関わり方」の可能性を大きく示している。小川悠さんのi.clubの活動も、「関わり方がわからないだけで、本当は何かの役に立ちたいと思っている」人たちを可視化した一例だ。そのほか、アスリートの池田さんもファンの人たちから、「試合で声援をおくるだけでない応援の方法ができて嬉しかったから、また（クラウドファンディングを）やってほしい」と言われたと述べており、「参加したいけれど、その方法がわからない」という人は案外多いのだ。

クラウドファンディングでなぜ人は支援をするのか、というのはこの本のテーマの一つだが、こうしてみると、人々は「お金を払うということを通じて、自分が関心あるプロジェクトに関わりたい」という欲求があるように感じる。ツクルバ・中村さんの取材のなかで、空間づくりは広域な関係者で合意形成を図りながら、その場所に熱を込めるというプロセスが重要と話す。最終形の大小さまざまな商品やサービスを買い、消費するだけの生活を送る私たち。世界情勢や経済状況の変化を通じ、「自分の人生と生活にもっと責任をもちたい。プロセスを楽しみながら、納得のいくものに囲まれたい」という欲求の高まりは、さまざまな分野で見受けられる。その欲求を簡単に満たしてくれるのも、実は「お金」。自分がいいと思うことにこそ、お金を投じていきたい。資金調達者側の欲求だけでなく、資金提供者側の欲求としても、クラウドファンディングは時代にマッチしているのだ。

〈⑤自分が生み出す価値は、だれのためか〉

最後に、「資金提供者」と「価値享受者」が同一の人ではない場合について触れたい。本書で挙げた例だと、高亜希さん・北村政記さんのノーベルだ。この事例の場合、資金提供者のお金は、ノーベルを通じて新しい価値となり、その価値は（資金提供者にリターンとして戻ってくるのではなく）全く別の人たちに向けて提供される（図3）。資金提供者は、自分たちのお金が社会を良くすることに使われることに満足を覚える。この場合困るのが、（木村さんが悩まれていたように）資金提供者へのリターンだ。議員である木村さんの場合は、資金を使って制作した「報告書」をリターンにできたが、たとえばノーベルの場合、資金によって創りだされた価値は資金提供者に還元されない。こうした事例は、わざわざコストをかけてリターンをつくるくらいなら、すべて活動に使ってほしい、と考える人がいる場合に成立する。

この場合はリターンの必要がない「寄付型クラウドファンディング」を検討するのがよい。実際、ノーベルの事例で北村さんが選択しているのは寄付型のJapanGivingである。もちろん、木村さんやチャイルドドクター

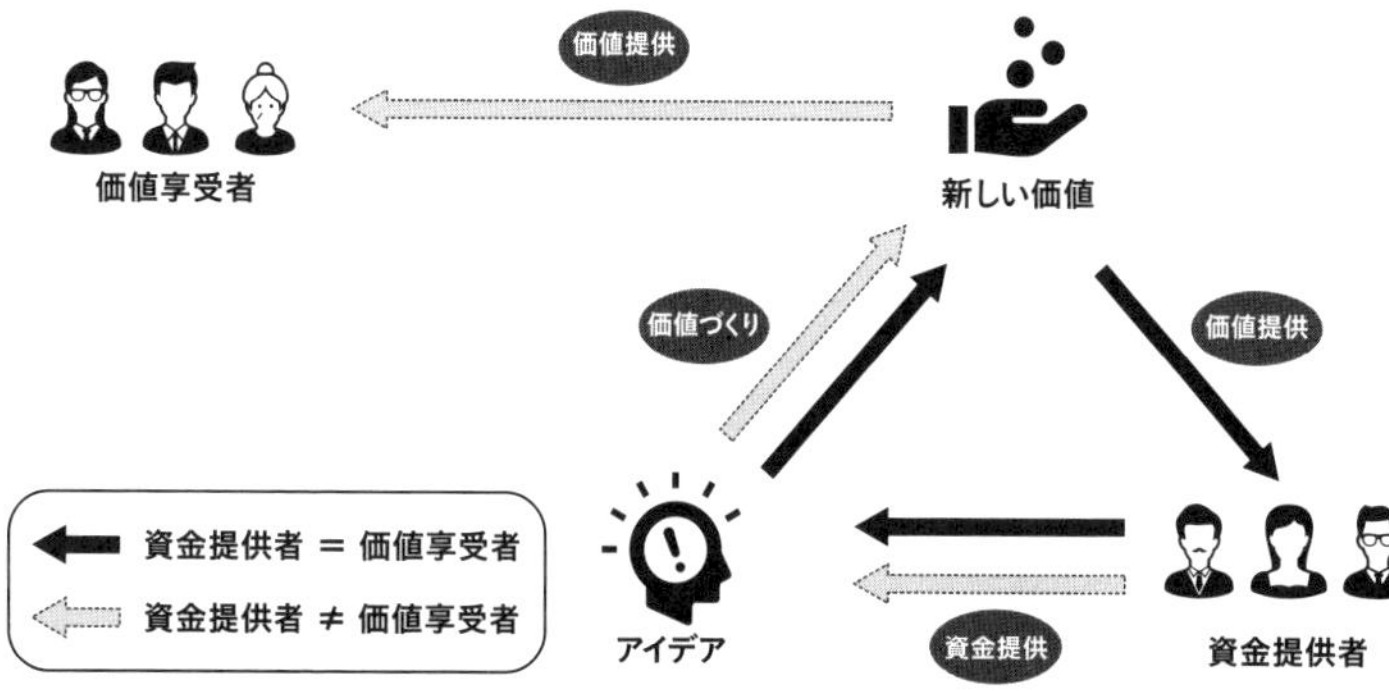

図3　資金提供者と価値享受者の関係性

の宮田久也さんのように、報告書やオーナー名刺など、支援者が充分満足できるリターンを工夫してつくりだせる場合は、購入型でも問題はない。山下さんのようにかわいいグッズによるPR自体が彼女の目指す効果であれば、リターンのためにグッズを制作するのもよいだろう。ただし、購入型クラウドファンディングは「アイディアを実現化するために、そこに価値を見出す人たちから資金を集め、アイディアが実現化した際にできたものを資金提供者にリターンで渡す」という仕組みが一番合っていることは否めない。クラウドファンディングでの資金集めを考えるときは、まずはこの点をおさえたうえで自身がとる手法を考えたい。

以上、ざっとではあるが、本書で取り上げた事例を概観しながら、クラウドファンディングの特徴について見てきた。今はクラウドファンディング・サイトの数もプロジェクトの数も増え、クラウドファンディングをすることもさほど珍しいことではなくなっている。そうなったときに、自分（たち）はどの戦略でいくべきかを、まずはこの12事例でしっかり研究し、挑戦してほしい。

行動経済学でクラウドファンディングを読み解く

佐々木周作

1章では、サイト運営者の視点を学び、2章や3章1節では、プロジェクト企画者の視点を学んだ。残されたパズルは、「なぜ、人はクラウドファンディングで支援するのか？」である。3章の本節では、行動経済学という学問を使って、支援者の動機に迫ってみたい。

クラウドファンディングでの支援は、自分ではないだれかほかの人のためにお金を使うという性格をもつ。「寄付型」の場合は、社会的課題の解決を目指して活動するNPOのために、あるいは、その資金調達活動を応援する人のためにお金を使う。「購入型」の場合はリターンがあるものの、映画やアプリ、スマートウォッチなどの全く新しい製品の開発者・製作者のため、あるいはその利用者のためにお金を使うという側面がある。どちらの場合でも、支援者は多かれ少なかれ、自分だけでなく〝他人の利益〟も重んじているように見える。

ここで、「他人のためにお金を使うこと」を、総じて「寄付」としてみよう。行動経済学者はこれまでもそのように考えて、なぜ人は寄付するのか？に関する研究を積み重ねてきた。

●なぜ、他人を支援するのか？

行動経済学の考え方は、とてもシンプルだ。寄付のコストと利益を比較して、利益の方が大きいときに寄付する、と考える。たとえば、5000円の寄付なら、5000円がコストだとすればよいし、利益は5000円寄付することで生まれる満足感のようなものだとしよう。つまり、満足感が5000円を上回るときに寄付する、ということになる（図4）。

問題は、寄付する満足感とはなにか、である。寄付からどんな満足感が得られるかは、その人がどんな種類の寄付動機をもっているかに拠る、と行動経済学者は考えてきた。数ある寄付動機のなかから、代表的なものを四つ紹介しよう。

一つ目の動機は、**純粋な利他性**だ。純粋に利他的な人とは、相手が喜んだり、相手の状態が良くなったり、相手に必要な金額のお金が集まったりすることが自分自身の満足感につながる人のことだ。彼らは、相手の満足感を高めるために寄付する。

彼らは、相手に必要な金額が満額集まるまでは（自分の所得の範囲内ではあるが）寄付して、集まった時点で寄付を止めてしまうことが知られている。さらに、他人の寄付ですでに満額が集まっているときも、それ以上は寄付しない。なぜなら、彼らにとって重要なのは相手の満足感が十分に高まっているかどうかで

図4　行動経済学の寄付の考え方

あり、だれが寄付するかではないからだ。

二つ目は、**暖かな光**（Warm-glow）だ。この動機をもつ人は他人を支援できるほどまで成長した自分を誇らしく思うというように、寄付行為そのものから満足感を得る。彼らは、相手の満足感ではなく自分自身の満足感を高めることを重視して寄付しているのだ。だから、暖かな光をもつ人は、相手に必要なお金が満額集まった後も寄付を続けるはずだ。

三つ目は、**互恵性**と呼ばれる動機だ。この動機をもつ人にとっては、相手がお返しをしてくれる場面や、逆に相手へのお返しとして寄付することで自分自身の満足感が高まる。彼らは、持ちつ持たれつの関係を重視して寄付するのだ。

四つ目は、**同調性**と呼ばれる動機だ。この動機をもつ人は、他の人たちが寄付している場面に居合わせ、同じように寄付することで彼ら自身の満足感を得る。他人の寄付には、寄付先の信頼度を高める効果（シグナリング効果）や、寄付すべきだという規範のようなものを感じさせる効果（規範効果）がある。正しい選択をすることや社会の規範に沿うことを重視して寄付するのだ。

たとえば、あなたがNPO①に寄付しようとしたときに、近所に住むほとんどの人がNPO②に寄付していると知ったとしよう。このときあなたが同調的なら、NPO①でなく②に寄付したくなるはずだ。近所の人たちが寄付している団体の方が信頼で

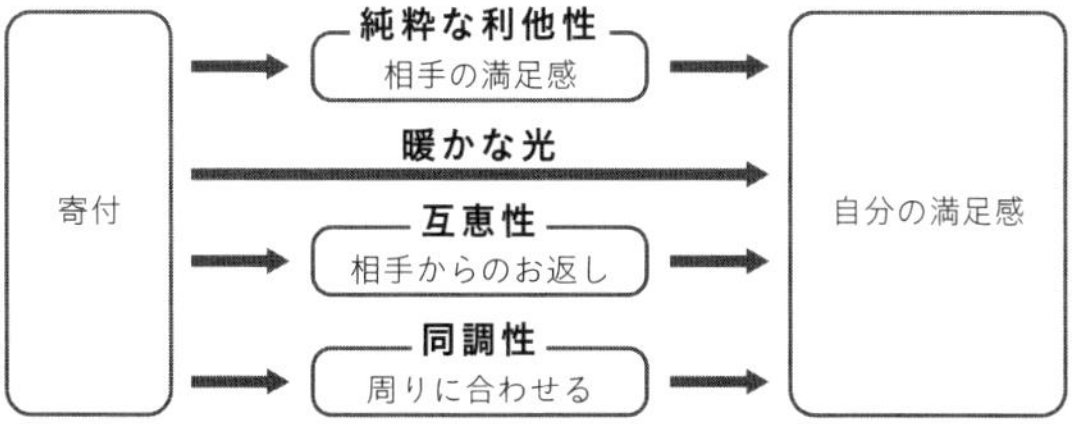

図5　4種類の寄付動機

きると感じたり、彼らとは違った選択をするよりも同じ団体に寄付する方が居心地が良いと感じたりするからだ。

それぞれの動機の特徴を理解いただけただろうか（図5）？ もちろん、たいていの人は4種類をミックスした動機をもつ。たとえば、純粋な利他性だけというよりは、暖かな光も同調性も互恵性ももつと考える方が自然だ。ただ、あなたと他人を比べた場合、自分はどちらかと言うと相手が喜んでくれるかどうかを重視する方だとか、周囲と同じような行動をとっていると安心する方だとかの違いはあるはずだ。四つのうち、どの動機を特に強くもっているかは人によって違うはずで、それが個人個人の寄付行動を形づくっているのだ。

●クラウドファンディング・サイトに見る、支援を増幅させる工夫

従来の資金調達には、純粋な利他性や暖かな光にアピールする戦略が多かった。たとえば、ウェブのバナー広告などでよく見かける途上国の子どもの写真は、純粋に利他的な人が写真から彼らの境遇に想いを馳せ、その境遇が少しでも良くなることを願って寄付することを想定している。しかし、それ以外の動機をもつ人はこの広告を見ても寄付しようと思わないだろう。調達金額を底上げするには、それぞれの動機にあったメッセージや戦略を設定する必要がある。

クラウドファンディング・サイトには、さまざまな種類の寄付動機があるという立場から、支援を増幅

させる工夫が施されている。購入型の特徴であるリターンの提供は、**互恵性**に特化した戦略だ。また、サイト・デザインには**同調性**の観点からもいくつかの仕掛けがある。ここからは、行動経済学の実験研究の結果を紹介しながら、クラウドファンディングの特徴や工夫にどのような効果があるかを見ていこう。

〈互恵性：お返し目的でかまわないので、支援してください〉

まずは、〝リターンの提供〟。Francisco Alpizar らがコスタリカの国立公園で行った実験がある。[*1] 彼らは、国立公園を訪れる観光客をランダムに複数のグループに分け、あるグループには、国立公園のサービスの質を維持する活動のために寄付してくれないかと単純にお願いし、別のグループには3ドルほどの土産物を先に手渡してから寄付のお願いをすることにした。そして、寄付をしてくれた人の割合と平均の寄付金額が2つのグループでどれくらい異なるかを比較したのだ。

結果は少し複雑だ。寄付者の割合は、単純に寄付をお願いした前者のグループよりリターンを提供した後者のグループの方が8％高かった。一方で、寄付者の平均寄付金額は、後者のグループの方が低かった。つまり、リターンの提供で寄付をしてもらえる確率は高まったが、一人ひとりの寄付金額は逆に下がったのだ。

リターンを提供することで寄付確率を高めることはできる。ただ、平均寄付金額が下がる恐れもあるので、リターンを提供すること〝だけ〟では合計の調達金額を高めることはできないかもしれない。事業者もおそらくそのことを知っていて、クラウドファンディング・サイトには互恵性以外の観点からもさまざまな工夫が施されている。次は、それを見ていこう。

〈同調性（シグナリング効果）：ほかの人が支援しているなら、素晴らしいプロジェクトにちがいない〉

クラウドファンディングでの支援を控えたり金額を低く抑えたりする人が多いとしたら、それはなぜだろうか？　一つとして、クラウドファンディングはいろいろな情報が不足していたり不確かなことが多いからという理由がある。1章のQ5で佐藤大吾氏が答えているように、最終成果物がちゃんと完成するかどうかわからない・スケジュール通りにできるかもわからない状況のなかで支援者は決断を迫られる。この状況では支援を控える人が一定数いるのも納得だ。裏を返せば、このプロジェクトは信頼できるものだと何らかの方法で示せれば、合計の調達金額を増やせるかもしれない。

一つの方法が、〝目標金額の達成率や過去の支援者の支援金額・コメントを表示〟することだ。同調性のところで議論したように、たくさんの人が支援しているという情報は、「ほかの人が支援しているなら、素晴らしいプロジェクトにちがいない」という気持ちにさせる可能性がある。

John List と David Lucking-Reily[*2] は「〇〇％のお金がすでに集まっています」と伝えることが合計の調達金額を本当に増やすかどうか調べた。中央フロリダ大学で新しい研究センターの立上げるときに、コンピューターの購入資金を寄付で賄うことに決め、依頼の手紙に添えるメッセージを次のようにランダムに変えたのだ。ある手紙には「必要な費用の10％がすでに集まっている」と書き、別の手紙には「33％が集まっている」と書いた。また別の手紙には「67％が集まっている」と書いて送った。

結果はどうなっただろうか？　大方の予想通り、たくさんの金額がすでに集まっているとアピールした方が合計の寄付金額が増えた。驚くべきは、67％の手紙を送ったグループの合計の寄付金額が10％のグループに比べて5・6倍以上も多かったことだ。

〈同調性（規範効果）：○○していないのは、あなただけです〉

同調性の議論を踏まえると、他人の支援は、「ほかの人がこれだけ支援しているのだから、自分だけ支援しないのはバツが悪い」という気持ちにもさせるはずだ。

Jen Shang と Rachel Croson[*3] は、公共ラジオ放送の資金調達キャンペーンで次のような実験を行った。彼女たちは、キャンペーンのニュースを聞きつけ電話をかけてきた人たちに対して、メッセージをランダムに変えながら応答した。ある人には「先ほど電話してきた方は75ドル寄付してくれました。あなたはいくら寄付しますか？」と返し、またある人には「先ほどの方は１８０ドル寄付してくれました」と答えた。さらに別のグループでは寄付金額を３００ドルに変え、最後の四つ目のグループでは直前の人の寄付金額の情報を伝えなかった。

結果、直前の人が３００ドル寄付したという情報を受けたグループで、平均寄付金額が高くなることがわかった。何の情報も受け取らなかったグループの平均金額が１０７ドルだったのに対し、３００ドルだと聞いたグループの平均金額は１２０ドルで約12％高かったのだ。

彼女たちと同じような結果が、クラウドファンディング・サイトのデータを分析した研究からも報告されている。Sarah Smith らが英国 JustGiving[*4] などと協力して、プロジェクト・ページにある過去の寄付金額リストが次の寄付者にどのような影響を与えるかを調べたところ、過去の平均寄付金額が10ポンド上昇したとき、それに釣られて、新しい寄付者の金額も約2・5ポンド上昇していることがわかった。

彼女たちは追加的な分析を通して、寄付者が金額を変えたのは寄付先が信頼できる団体だと感じたからではない、ということを確認している。「過去の寄付者がこれだけの金額を寄付しているのだから、自分だけ低めの金額で寄付するのはバツが悪い」という気持ちになり、当初決めていた金額よりも高めの金額で寄付する人が多かったのだと解釈できる。

日本でも少しずつではあるが、クラウドファンディング・サイトのデータを使った研究が進んでいる。筆者[*5]は日本の JapanGiving と協力して、過去の寄付金額リストが次の寄付者にどのような影響を与えるかを調べた。PCの一般的な画面サイズだと直近5件の寄付金額が参照しやすいことに着目して分析したところ、直近5件のうち3件以上の寄付が同じ金額だったとき、それに釣られて新しい寄付者もまったく同じ金額で寄付しやすくなることがわかった。

私たちは、他人の選択や行動から予想以上に強く影響を受ける。過去の支援金額の表示方法を工夫して、「〇〇していないのは自分だけかもしれない」という気持ちにさせることが、寄付金額を高めるための秘訣なのかもしれない。

〈その他のシグナリング効果：私、美人だから信頼できるでしょう？〉

支援先に関する情報が不足しているとき、人は他人の選択や行動に左右される。実は、同じような条件のときは、相手の見た目からも強い影響を受けることが知られている。このことは、主に就職面接などで度々指摘され研究が進んできた。美人ほど能力が高そうだと思われたり、雇われやすかったりする。見た目がその人の能力を表している、と勘違いされるのだ（実際は、見た目と能力に関係がないようなときでさえも）。

同じ現象が資金調達にも見られるだろうか？ Craig Landryら[*6]は、ある研究センターの資金調達キャンペーンのなかで次のような研究をした。このセンターに雇われたファンドレイザーたちは、一軒一軒の家を訪問して、寄付のお願いをすることが仕事だ。Landryらはファンドレイザーたちの顔写真を事前にファイリングし、彼らとは全く関わりのない人たちに魅力度を評価させていた。魅力度は、1から10までの数字で表され、高い数値はより魅力的な人間であることを意味している。結果は身も蓋もないが、ファンドレイザーが女性で相手が男性のとき、魅力度8の女性が調達できる寄付金額は、魅力度6の人に比べて約50％増えることがわかった。

Christina Jenqら[*7]は、クラウドファンディング・サイト「Kiva.org」のデータを使って、同様の仮説を検証している。結果は、Landryらのものと似通っていて、魅力度が1単位高まると、目標達成までにかかる時間は約11％短くなった。一方、肥満度が1単位高まると、目標達成までの時間が12％も長くなることがわかった。

美人効果は、資金調達の場面でも確かに存在する。飛びぬけて美人である必要はないかもしれないが、暗い印象の顔よりは快活な笑顔の写真の方がきっと良いだろう。プロジェクト・ページに掲載する写真を入念に選別することは、目標金額の達成にとって必須の作業なのだ。

●クラウドファンディング・サイトの課題

ここまでは、効果的に機能しているサイト・デザインに着目して、関連する行動経済学研究を紹介してきた。ただ、うまく機能しているものがある一方で、さらなる工夫が必要なものもある。

クラウドファンディングのポテンシャルは、支援者が彼らの友人・知人に宣伝してくれて、支援者数や金額が雪だるま式に増えていくと期待できるところにある。ただ、最近の研究から、「あなたも支援してみない？」と知り合いに声をかけることが意外と難しい、ということもわかっている。

Marco Castillo らは[*8]、クラウドファンディング・サイトで次のような実験を行った。支援者が寄付の決済手続きを終えた後で、「寄付したことを、Facebook でシェアしてくれない？」というポップ・アップが現れるように設定したのだ。さらに、「シェアしてくれたら、あなたの寄付に1ドル上乗せします」というメッセージを追記するグループと「5ドル上乗せします」というグループ、そして寄付金額の上乗せがないグループにランダムに振り分けた。

結果、5ドルの上乗せのあるグループの方が上乗せのないグループに比べて、実際にシェアしてくれる人の割合が28％も高かった。上乗せのないグループでシェアをしてくれた人の割合はおよそ10％だった。金銭的な誘因を付けることでシェア率が跳ね上がるという結果は、支援者がシェアすることに高いハードルを感じている証拠でもある。何らかの工夫でこのハードルを取り除くことが必要だ。

●行動経済学で日本のクラウドファンディングを読み解くには？

これまで、行動経済学研究と照らし合わせながら、クラウドファンディングを読み解いてきた。[*9] ここで、本節の研究の大半が海外の研究であることには一定の注意を払ってほしい。なぜなら、紹介したようなメッセージを送ることでどんな結果が得られるかは、受け取り手がどの種類の支援動機を強くもつかに依存するからだ。たとえば、「すでに67％のお金が集まっています」と伝えることの効果は、仮に寄付者のほとんどが純粋に利他的であれば全く変わってくる。純粋に利他的な人にとってはだれが支援するかは重要でない。だから、すでにお金が集まっていますというメッセージを受け取ると彼らは支援しなくなる恐れがある。John Listらの結果は、彼らの支援者が純粋に利他的でないことに依存しているのだ。

私たちが普段日本で接している支援者は、どんな支援動機を強くもっているのだろうか？　それによって最適なメッセージや戦略は変わってくる。皆さんが行動経済学研究を活用するときには、支援者の性格や特徴の理解に努めながら、いろいろと試行錯誤してみることが必要だ。そして、その試行錯誤に日本の行動経済学者は協力を惜しまないつもりだ。

〈注〉

＊1　Alpizar, F., Carlsson, F., & Johansson-Stenman, O. (2008). Anonymity, reciprocity, and conformity: Evidence from voluntary contributions to a national park in Costa Rica. Journal of Public Economics, 92(5), 1047-1060.

＊2　List, J. A., & Lucking-Reiley, D. (2002). The effects of seed money and refunds on charitable giving: Experimental evidence from a university capital campaign. Journal of Political Economy, 110(1), 215-233.

＊3　Shang, J., & Croson, R. (2009). A field experiment in charitable contribution: The impact of social information on the voluntary provision of public goods. The Economic Journal, 119(540), 1422-1439.

＊4　Smith, S., Windmeijer, F., & Wright, E. (2015). Peer effects in charitable giving: Evidence from the (running) field. The Economic Journal, 125(585), 1053-1071.

＊5　Sasaki, S. (2015). Conformity in Charitable Giving: Evidence from Empirical Analysis of Japanese Online Donations, Science of Philanthropy Initiative Working Paper Series, University of Chicago, 139.

＊6　Landry, C. E., Lange, A., List, J. A., Price, M. K., & Rupp, N. G. (2006). Toward an Understanding of the Economics of Charity: Evidence from a Field Experiment*. The Quarterly journal of economics, 121(2), 747-782.

＊7　Jenq, C., Pan, J., & Theseira, W. (2015). Beauty, weight, and skin color in charitable giving. Journal of Economic Behavior & Organization, 119, 234-253.

＊8　Castillo, M., Petrie, R., & Wardell, C. (2014). Fundraising through online social networks: A field experiment on peer-to-peer solicitation. Journal of Public Economics, 114, 29-35.

＊9　ここで紹介した研究は数ある研究のうちの一部にすぎない。行動経済学の寄付研究はシカゴ大学のJohn Listらが中心となって進めているので、彼の研究所のホームページ（Science of Philanthropy Initiative　http://spihub.org/）を覗いてみてほしい。また、クラウドファンディング・サイトのデータを使った研究はブリストル大学のSarah Smithが積極的に進めている。本節を執筆する際にも参考にさせていただいたが、Uri GneezyやJohn Listの書籍（ウリ・ニーズィー、ジョン・A・リスト、望月衛訳(2014)『その問題、経済学で解決できます。』東洋経済新報社）や世界銀行・田中知美さん(2014)のコラム「最前線！　行動する行動経済学　寄付集めにも必勝セオリーがあった　クラウドファンディングの分析から分かったこと」(http://business.nikkeibp.co.jp/article/report/20140430/263600/?P=1（閲覧日：２０１６年３月18日））も、短く読みやすいのでお薦めだ

●おわりに

この本の出版企画がスタートしたのは、2013年の初め頃だったと思う。当初は、クラウドファンディング市場の規模や国際比較のように、統計情報を多く採り入れた白書的なものを目指していた。しかし、進めていくなかで量的な現状把握をメインにすることは得策ではないと思い至った。新たなサイトが把握できない程たくさん登場し、そして消えていく。一時点の状況を何とか切り取っても、その情報はすぐに風化してしまう可能性が高かったからだ。歳月を経ても変わらないものはなんだろうか？ それは、人の考え方や感情だろう。何を考え、何に迷い、心惹かれたかは、時代が移り変わってもそう大きく変わらないはずだ。そのことを念頭に、成功者の意思決定の流れを丁寧にすくいとる方針に軌道修正していった。目指したのは、クラウドファンディングという言葉が聞かれなくなるような未来まで残り続けるクラウドファンディングの本だ。結果、出版まで数年かかったが、約5年間の事例を俯瞰することができた。日々ダイナミックに変わる状況のなかで「変わらない人の気持ち」が少しは浮き彫りにできていたら嬉しい。

本書がようやく日の目を見るのは、原稿の確認、やり取りに何度も協力くださったインタビュイーの皆さん、また、趣旨を理解し情報提供に協力くださった各サイト事業者の皆さんのおかげだ。また、大竹文雄先生、大阪大学超域イノベーション博士課程プログラム、日本学術振興会、そして担当編集者・岩切江津子さんにはさまざまな場面でお力添えいただいた。この場を借りて、深く感謝の意を表したい。

2016年3月　佐藤大吾・山本純子・佐々木周作

●監修者

佐藤大吾（さとう・だいご）
一般財団法人JapanGiving代表理事。1973年生まれ。大阪大学在学中に議員事務所でのインターンシッププログラムを提供するNPO法人ドットジェイピーを設立。2010年3月より、クラウドファンディングサイト「JapanGiving」を開始。著書に『1.21人に1人が当選！ "20代、コネなし"が市議会議員になる方法』（ダイヤモンド社）、共著書に『初歩的な疑問から答える　ＮＰＯの教科書』（日経BP社）『若手知事・市長が政治を変える：未来政治塾講義I』（学芸出版社）など。

●編著者

山本純子（やまもと・じゅんこ）
株式会社アーツ・マーケティング代表。1974年生まれ。1997年に慶応義塾大学美学美術史学専攻を卒業後、ゲーム会社マーケティング・マネージャー職を経て2009年同大大学院アート・マネジメント分野修士過程に入学、同年独立。クラウドファンディングを含むデジタル戦略の講演、コンサルティングなどを行う。著書に『入門クラウドファンディング　スタートアップ、新規プロジェクト実現のための資金調達法』（日本実業出版社）。

佐々木周作（ささき・しゅうさく）
大阪大学大学院経済学研究科博士後期課程、および日本学術振興会特別研究員。1984年生まれ。京都大学経済学部卒業後、株式会社三菱東京UFJ銀行を経て現在に至る。専門は応用ミクロ計量経済学、行動経済学。

ぼくらがクラウドファンディングを使う理由《わけ》
12プロジェクトの舞台裏

2016年5月 1日　第1版第1刷発行

監修者　佐藤大吾
編著者　山本純子・佐々木周作
発行者　前田裕資
発行所　株式会社 学芸出版社
京都市下京区木津屋橋通西洞院東入
電話 075－343－0811　〒600－8216
装丁　木村幸央
印刷　イチダ写真製版
製本　山崎紙工

ISBN 978－4－7615－1360－3　Printed in Japan